Grand soir
pour la justice

Du même auteur

L'Avocature
Ramsay 1983
nouvelle éd. Seuil, 1995

Les Juges dans la balance
Ramsay, 1987
nouvelle éd. Seuil, coll. « Points », 1990

Justice pour la justice
Seuil, 1990

Du cirque médiatico-judiciaire et des moyens d'en sortir
Seuil, 1993

Paroles d'avocat
(recueil)
Hermann, 1994

DANIEL SOULEZ LARIVIÈRE

GRAND SOIR POUR LA JUSTICE

ÉDITIONS DU SEUIL
27, rue Jacob, Paris VIe

ISBN 2-02-032215-3

À la représentation nationale

CHAPITRE I

LA CHARGE DE CHIRAC

(Que diable allait-il faire dans cette galère ?)

Un 12 décembre 1996

Le 12 décembre 1996 au soir, personne n'imaginait sérieusement que, pour la première fois depuis quarante ans dans l'histoire de la République, Jacques Chirac oserait attaquer « vent debout » les problèmes judiciaires de la France. En deux siècles, les paroles sur la justice sont rares dans notre pays : cris de haine des révolutionnaires en 1790 contre la justice de l'Ancien Régime ; un grand débat parlementaire dans les annales de la IIIe République qui vit pendant sept mois l'Assemblée flotter entre l'élection des juges et la suppression de leur inamovibilité, suivi de quinze ans de discussion pour aboutir à l'introduction de l'avocat chez les juges d'instruction ; quelques paroles accompagnatrices de Michel Debré en 1958 lorsque, se souvenant que la justice est un attribut régalien du pouvoir, la révolution gaullienne hisse cette institution méprisée au niveau des plus médiocres des services publics français. Encore faut-il noter que le gros de ces réformes est passé par voie d'ordonnances comme si l'excès de paroles dont le vote de la loi est l'occasion constituait un handicap à contourner absolument lorsqu'il s'agit de toucher à la justice. Depuis 1958, de Gaulle, grâce d'abord à Michel Debré puis ensuite à la science juridique et à l'obstination de son grand intendant Jean Foyer, parviendra à moderniser notre carte judiciaire, la carrière des juges, la procédure pénale, la procédure civile, le droit de la famille et des sociétés commerciales. François Mitterrand, dont Robert Badinter sera le chancelier, supprime la peine de mort et entreprend de moderniser le fonctionnement des rouages de la justice en introduisant des notions d'efficacité et de rentabilité dans le travail des juges. Mais de paroles sur la justice et son fondement, point d'autres que fort convenues. Pour le général de Gaulle, les choses étaient claires. La magistrature procédait de lui-même en tant que président de la République, c'est-à-dire en fait en tant que dernier monarque de la France. Dans la tradition française bien classique, celui qui incarne l'État dispose de l'armée comme de la justice dans l'intérêt de la nation. Napoléon commandait à ses généraux, qu'ils soient militaires ou magistrats. C'est lui qui réorganisa les procureurs, avocats, substituts « généraux », faisant partie du même corps hiérarchisé que les juges du Siège, ceux qui jugent. Dans l'esprit républicain, la justice est une sorte d'institution dont on célèbre l'indépendance dans les mots, tout en s'en plaignant dans les faits et en s'organisant pour la rendre obéissante. Il n'est que de voir la fureur du général de Gaulle lorsque le Conseil d'État annula avec son arrêt Canal l'ordonnance du 1er juin 1962 qui organisait la « Cour militaire de justice » ayant condamné à mort ce responsable de l'OAS. Furieux également de l'absence de condamnation à mort de Salan, comparaissant cependant devant une autre juridiction spéciale.

Conscients de ce que la justice ne peut jouer son rôle que si elle ne se présente pas comme le clone du pouvoir politique du moment, les gouvernements depuis longtemps, et en tout cas depuis 1958, sont coincés entre des objectifs contradictoires. D'un côté, maîtriser l'institution judiciaire, surtout pendant des périodes troublées comme celle de la décolonisation. De l'autre, ne pas prêter le flanc à la critique et au soupçon de la manipuler. De réflexion de fond sur cette contradiction qui est peut-être inhérente à la fonction politique : rien.

Les mots des politiques

Donc, de parole aucune, sauf en langue de bois. François Mitterrand qui fut garde des Sceaux en 1956-1957 éprouvait une sorte d'aversion pour la magistrature et la justice. Souvent il répétait, par exemple à Jean-Pierre Chevènement : « Surtout n'ayez jamais recours à la justice, même quand vous avez raison. Vous en ressortiriez sali. » La phrase fait écho à celle d'Olivier Guichard qui, ministre de la Justice du gouvernement Barre pendant huit mois, concluait publiquement son bref passage place Vendôme par ces mots : « J'ai compris qu'en aucune circonstance il ne faut avoir affaire à la justice. » Le florilège des « mots » des hommes politiques sur les juges et la justice est abondant. Pour revenir à François Mitterrand, l'un des plus caustiques, son alacrité à l'égard de la magistrature était particulièrement vive. « Si vous saviez les offres de service que j'ai pu recevoir de ces gens en 1988, vous seriez étonné. » Et de citer le nom du porte-étendard de la droite judiciaire. « Bref ! J'ai décliné. Pourtant les hommes sont faits pour être utilisés... Sauf les amis, et ceux avec lesquels on travaille ! Rendez-vous compte, on m'accuse de manipuler le Conseil supérieur de la magistrature. Perdre mon temps à cela ! Quand le bureau de la Cour de cassation me présente trois noms par place de magistrat au Conseil, comme l'exige la loi, je n'ai jamais eu d'autre idée que de prendre le premier sur la liste. De toute façon, ils sont tous pareils ! »[1].

Cette constatation n'est pas le propre de François Mitterrand. Celui-ci exprime une tradition républicaine séculaire. Cent ans plus tôt, Jules Grévy en 1878 somnole dans un wagon du train parlementaire avant la fin de la session où l'on débat encore de la réforme de la magistrature :

1. Entretien avec l'auteur, février 1992.

« Mais, Monsieur le président, vous ne dites rien ?

– Moi, à quoi bon ?

– Nous serions heureux de connaître votre opinion sur la réforme de la magistrature.

– Mon opinion est bien simple : je ne connais qu'une réforme.

Surprise et silence dans le compartiment.

– Laquelle ?

Et Jules Grévy de répondre d'une voix grave :

– C'est de supprimer la magistrature[1]. »

Jean Foyer avait coutume de dire à propos des nominations et de la volonté des magistrats de s'autogérer : « Les juges sont les plus incompétents pour faire leur petite cuisine eux-mêmes. » Et s'agissant de leur indépendance, il ajoutait : « Il faut, sans que le pouvoir ait le droit de leur demander quoi que ce soit, qu'ils arrivent à découvrir eux-mêmes la nécessité de ne pas être de purs juristes qui appliquent littéralement un texte »[2].

Quand les désirs des politiques ne sont pas satisfaits, le refoulé de leur discours sur la justice s'exprime par des échappées injurieuses ou des boutades. « Les magistrats sont des lâches », exprimait dans les années soixante-dix René Tomasini, secrétaire général de l'UDR, déclenchant une de ces manifestations pompeuses et ridicules dont les hommes de robe ont le secret et qui consiste à tourner en rond dans le Palais de justice, en costume et décoration, avec station devant le monument aux morts. « Faux culs » s'écrie Christian Nucci à l'adresse de ses juges quand la commission d'instruction lui décerne un non-lieu dans l'affaire du Carrefour du développement, tout en assortissant cet acte de procédure de commentaires peu amènes contre le législateur qui avait décidé de la loi d'amnistie. Plus laconiquement, Albin Chalandon, interrogé sur la psychologie des magistrats, laissait tomber avec sobriété : « Ce ne sont pas des

1. Maître Z., *Le Dossier de la magistrature*, Paris, Marpon et Flammarion, 1879.

2. Entretien avec l'auteur, février 1985.

parachutistes[1]. » Pourtant, ces personnages souvent jugés falots, ces gens, pour reprendre une expression cent fois rebattue, « sur lesquels on ne peut pas compter » deviennent aujourd'hui une population dangereuse pour les politiques, avec laquelle de manière nouvelle « il faut compter ».

La grande peur

Les juges ne sont peut-être pas des « parachutistes », mais ils disposent d'armes sorties d'un placard oublié par les politiques : celles de la procédure pénale. Jadis la connaissance de la prison, d'abord par les résistants, puis par les collaborateurs, fit découvrir à la classe politique tout entière le caractère moyenâgeux du sort réservé aux détenus. Depuis dix ans, de la gauche à la droite, la peur règne devant le juge d'instruction, les perquisitions à grand spectacle et les mises au pilori sous les lampions du cirque médiatico-judiciaire. Du petit député ayant reçu trois francs six sous pour sa campagne au grand baron ayant empoché des dizaines de millions pour son fonctionnement d'homme public et parfois privé, chaque responsable politique découvre avec horreur la manière dont se traite un justiciable en France. L'aversion ressentie contre ces procédures archaïques et barbares vient s'étaler sur cette toile de fond culturelle à la fois méprisante et hostile envers la justice et la magistrature. Toute protestation contre le système est aussitôt reprise médiatiquement comme la manifestation d'une volonté autoprotectrice de la classe politique. Le discours se dessèche, faute de sincérité. À droite apparaît une sorte de forte amertume devant l'ingratitude des juges, du type : « plus on leur en donne, plus ils se retournent contre nous », avec en filigrane cette idée qu'il conviendrait d'asphyxier cette magistrature qui mord la main de ceux qui la

1. Entretien avec l'auteur, février 1985.

nourrissent[1]. À gauche, on est empêtré dans les contradictions d'un discours qui se fait volontiers indépendantiste et libertaire pour la magistrature, juste après s'être épuisé dans des protestations grandiloquentes et des pétitions avortées lorsqu'il s'agit de défendre l'ancien président de l'Assemblée nationale, Henri Emmanuelli, condamné par la cour des appels correctionnels de Rennes en sa qualité de trésorier du parti socialiste.

L'élection de Jacques Chirac à la présidence de la République ne laissait rien présager de neuf. La justice et la magistrature ont longtemps été un sujet sur lequel Jacques Chirac était particulièrement vierge et sec. On le voyait souffrir et peiner lorsqu'il était interrogé sur ces questions. Il faut dire que rien n'est plus normal puisque les hommes politiques ne connaissent pas la justice, faute d'avoir jamais eu l'occasion d'en apprendre quelque chose, ni à l'école, ni à l'université. L'ENA ne valorise aucunement l'étude juridique. Guy Braibant[2] raconte que, recevant dans les années quatre-vingt-dix de jeunes énarques au Conseil d'État et leur demandant leurs diplômes, pas un n'eut l'idée de lui dire qu'il avait une licence en droit. Le droit, ça ne compte pas. Le droit public, oui ; le droit pénal, civil, commercial, non. C'est bon pour les avocats. Cela concerne les médiocres intérêts particuliers, même s'ils s'étendent de Paris à New York et de New York à Hong Kong. Mais le droit public français qui disparaît passé les côtes de la Manche et les rives du Rhin, voilà l'important, voilà le moule qui forme les jeunes cerveaux de ceux qui gouvernent la France et aussi encore des moins jeunes dont Jacques Chirac est le prototype produit par la culture politique française. Comment pouvait-il percevoir la justice en arrivant à l'Élysée ? *A priori* de la même manière que François Mitterrand, c'est-à-dire comme une menace, une espèce d'animal mystérieux devenu malfaisant et dont il n'est même pas possible

1. On a bien vu cette attitude de la Chancellerie à l'égard de l'École de la magistrature dans les deux dernières années.
2. Ancien conseiller d'État et président de section.

de parler, sauf de manière rhétorique, sous peine de s'attirer les pires ennuis. Durant le dernier septennat, François Mitterrand, curieux de tout, sentait confusément que « quelque chose » lui échappait dans sa connaissance du fonctionnement judiciaire. Avec fidélité, il soutenait ses amis politiques, aussi différents qu'Henri Emmanuelli ou Bernard Tapie, pris dans le maelström judiciaire. Confiance diversement placée, pourrait-on dire. Sans doute. Mais tout d'abord expression d'une manière d'être. En gros, il se sentait plus porté *a priori* vers les hommes politiques que vers une institution qui ne lui paraissait guère plus vertueuse. Les propos de soutien à Bernard Tapie adressés à la justice le 14 juillet 1992 resteront dans les annales comme une tentative unique d'un président de la République désireux de mettre son poids dans la balance pour rééquilibrer le plateau d'une justice médiatico-judiciaire qui, de toute façon, lui paraissait injuste. D'un côté le procureur Montgolfier « affole » la meute, de l'autre le président tente de la calmer. Cette sollicitude était-elle mal placée ? Peu importent les personnes et leur qualité bien différente. Le geste était le même et procédait du même affect lorsque, lourdement, le président soulignait publiquement l'honnêteté d'Henri Emmanuelli, ou lorsqu'il prit à part Michel Roussin après un Conseil des ministres alors qu'il venait d'apprendre que celui-ci allait être mis en examen[1] et démissionner : « Le gouvernement cède à une mode. S'il ne réagit pas, tout cela se fera au détriment de l'exécutif », fut le mot amical et peiné du président à l'adresse d'un des membres du gouvernement Balladur. On raconte que, pendant le dernier septennat, un juge d'instruction parisien avait eu l'intention d'effectuer une perquisition à l'Élysée. Son procureur lui conseilla de commencer par demander ce qu'elle voulait, sans doute pourrait-elle l'obtenir. Ce qui fut le cas, semble-t-il. Par la suite, il apparaît

1. Michel Roussin, ministre de la Coopération, bénéficiera peu après d'un non-lieu. Selon la doctrine du gouvernement, il fut amené à démissionner et a aujourd'hui abandonné la politique.

bien que l'hypothèse de la perquisition à l'Élysée fut effectivement envisagée. Au Palais, la décision aurait été prise d'éconduire tout juge d'instruction se présentant au guichet d'entrée. Le problème constitutionnel est intéressant et Jacques Chirac lui-même a bien dû y réfléchir puisque théoriquement rien ne pourrait empêcher cette tentative d'incursion, s'agissant de recherche des preuves d'une éventuelle infraction pouvant être reprochée au président avant son entrée en fonctions dans des éléments pouvant être conservés à l'Élysée.

Une Berezina politique

La curiosité de François Mitterrand, aiguisée par ce contexte dans les trois dernières années de sa vie à l'Élysée, le conduisait à consulter inopinément les uns ou les autres. Écrivant sur le sujet, l'auteur de ces lignes eut un jour la surprise d'être convoqué dans le bureau du président pour lui expliquer un article qu'il avait écrit sur la réforme de la procédure pénale. À l'exposé plus général de l'entier dispositif nécessaire pour remettre la justice à niveau en France et consistant à lier toutes les solutions des problèmes civil et pénal, les questions d'organisation, de carrières, du recrutement et de la formation, et du Conseil supérieur, le président souriant et ironique eut ce mot : « Tout cela est bien compliqué ! Voilà ce que je compte faire. Nous sommes en février. À la rentrée nous ferons un effort avec la procédure pénale [ce sera la loi du 3 janvier 1993]. Et puis nous réviserons la Constitution pour aménager le Conseil supérieur de la magistrature [ce sera le comité Vedel et la réforme constitutionnelle du 27 juillet 1993]. » Dans l'idée du moment de François Mitterrand était déjà présente à l'état d'ébauche la nécessité d'un certain lien entre les différentes questions judiciaires. Naissait le concept d'un troc entre, d'une part, des efforts demandés aux magistrats pour adapter leurs procédures pénales et, d'autre part, des satisfactions procurées par la réforme du Conseil supérieur de la magistrature. On ne voit pas le rapport pour un profane. Le raisonnement est le suivant : pour des raisons historiques, la magistrature française reprend une place plus importante à l'occasion du rééquilibrage des fonctions politiques et judiciaires dans la nation. Traditionnellement elle tirait son autorité de l'utilisation d'outils de procédure terribles constitués par la procédure pénale inquisitoire. Au moment où la justice occupe une place plus forte dans l'équilibre des pouvoirs, les juges vivent très mal l'abandon de ces outils de contrainte redoutables bien que complètement démodés par rapport à l'évolution des mœurs. Si le pouvoir politique leur enlève ces instruments d'un autre âge, les 560 juges d'instruction le vivent comme une sorte de « castration » et le reste des juges (5 600 personnes) se solidarisent avec la « cavalerie » du corps. Donc, si l'on veut changer la procédure, il faut donner aux juges des contreparties de pouvoir. À tort ou à raison, traditionnellement depuis quarante ans, la revendication syndicale et corporatiste se porte sur l'organe de nomination gérant les carrières, le « Conseil supérieur de la magistrature » dont l'idée reçue est qu'il faut le détacher du président de la République. En résumé, le plan pouvait être le suivant : on réforme l'instruction et on panse les plaies de cette castration symbolique par le baume de la réforme du Conseil supérieur.

La manœuvre envisagée par le président de la République, que celui-ci concevait bien être *a minima*, cadrait avec ses habitudes de prudence politique et de scepticisme devant les architectures de réforme apparemment trop grandioses. Mais, pour une fois, la prudence conduisit à l'échec complet. Comme prévu, le Parlement se prononça à la fin de l'année 1992 sur une réforme de la procédure pénale mais laissait de côté toute réforme globale et de véritable ampleur telle que celle prévue par la commission Delmas-Marty en 1990, qui envisageait de reconstruire l'édifice pénal français, en commençant par supprimer le juge d'instruction. Le Parlement, suivant le gouvernement, décida d'ôter le pouvoir de mise en détention au juge d'instruction pour le confier... à un autre juge, dit « juge délégué ». Votée le 3 janvier 1993, cette loi, pourtant bien modeste, fut l'objet d'une campagne échevelée du lobby des juges d'instruction, allant même par la voie de leur association (AFMI) jusqu'à appeler à son boycott et à la grève du zèle. Mars 1993, la droite gagne les élections. Pierre Méhaignerie devient garde des Sceaux, bien décidé à abroger sous la pression des magistrats la loi de janvier 1993. « C'est une condition préalable à toute action, dira-t-il. Faute de cela on n'obtiendra rien des magistrats. » 23 août 1993, le Parlement de droite abroge la réforme « de gauche » âgée de sept mois, et qui pourtant s'était mise correctement en place malgré les cris d'orfraie. L'effort symbolique et imaginaire demandé à la magistrature était abandonné. Et pourtant, la contrepartie fut quand même payée avec la réforme de la Constitution destinée à couper les liens entre le président de la République et les nominations au sein de ce Conseil.

En juillet 1993, après de laborieuses négociations entre l'Assemblée et le Sénat, un projet de loi constitutionnelle est lancé. S'inspirant un peu des travaux de la commission Vedel nommée par François Mitterrand, le Congrès vote l'extension des pouvoirs de cet organisme sur la nomination des magistrats du Siège et transforme le choix de ses membres. Désormais le Conseil supérieur sera composé de onze membres et non plus de neuf. Alors que, selon la Constitution de 1958, ces neuf membres étaient tous désignés par le président, ce dernier ne pourra plus en désigner qu'un seul, outre le garde des Sceaux qui est vice-président et peut le suppléer. Trois membres sont désignés par le président de l'Assemblée nationale, le président du Sénat et le vice-président du Conseil d'État. Six membres sont élus par le corps au suffrage indirect. Les uns pour la gestion des magistrats du Siège, les autres pour les magistrats du Parquet. Désormais, dans ses deux formations différentes, le

Conseil supérieur gère maintenant les carrières du Siège et du Parquet avec pratiquement tous les pouvoirs pour les principales nominations du Siège et un pouvoir consultatif pour les magistrats du Parquet. Alors que le but de la commission Vedel était de ne pas favoriser le pouvoir corporatiste, c'est pourtant exactement le résultat obtenu. Les six magistrats représentant le corps font tous partie du même syndicat, l'Union syndicale des magistrats. Les deux autres syndicats, de droite, l'Association professionnelle des magistrats, et de gauche, le Syndicat de la magistrature, sont éliminés de toute représentation du fait du mode de scrutin. Le président et son garde des Sceaux sont tous deux marginalisés puisque « politiques » et donc forcément discrédités puisque supposés, selon les idées reçues françaises, vouloir « manipuler » la magistrature. Quant aux quatre profanes choisis par les quatre institutions de la République, d'abord ils sont minoritaires par rapport aux magistrats. Mais, malgré leur qualité (un ancien ambassadeur, un ancien bâtonnier, un professeur des universités et un conseiller d'État), ils ne font pas le poids et sont vite entraînés par un patriotisme institutionnel qui les encourage à faire cause commune avec la majorité des magistrats. On le verra au moment des déclarations présidentielles sur la réforme de la justice. Le Conseil supérieur, sans qu'on l'ait sonné, fera une déclaration au président de la République soigneusement « fuitée » dans la presse, sur ce thème : « Et nous, et nous, voici ce qu'on en pense ! »

Du point de vue de la manœuvre politicienne, l'idée de François Mitterrand partiellement mise en œuvre par Edouard Balladur fut ce qu'on appelle une « Berezina » complète. La suppression de la réforme de l'instruction bêtement effectuée fut aussi bêtement motivée. L'immense naïveté qui consistait à imaginer « calmer » les juges en leur donnant un os à ronger reposait sur une absence de conscience des réalités et procédait aussi d'un certain mépris pour le corps judiciaire assimilé à de gros chiens qu'il faut calmer. Dans cette circonstance, Pierre

Méhaignerie fut aussi piètre chasseur que politique. Abandonner une réforme de fond dont on parlait depuis dix ans au profit d'une habileté politicienne qui n'en est pas une signe l'erreur dont Edouard Balladur, quelques mois plus tard, devait se mordre les doigts publiquement. Capituler en rase campagne sur la réforme de l'instruction pour aussitôt se précipiter vers la réforme du Conseil supérieur de la magistrature relevait de la même sottise. Encore une fois, il fallait « donner des gages », faire preuve de « bonne volonté », « rassurer la magistrature ». Encore aurait-il fallu ne pas se faire rouler et comprendre le débat de fond. Il eût été plus sage de faire un troc donnant donnant. Supprimer l'effort afin de se faire bien voir et donner sans contrepartie le reste pour se faire encore mieux voir procédait d'un aveuglement qui a dû faire sourire François Mitterrand. Ensuite, imaginer que six magistrats ne feraient pas la loi dans une assemblée où ils étaient en fait majoritaires suppose que les manœuvres des lobbies furent bien efficaces pour intoxiquer les parlementaires et dévoyer une réforme inspirée par le contraire de ce à quoi elle a abouti : un corporatisme triomphant dans lequel, cas unique au monde dans une démocratie, des magistrats se gèrent et se choisissent eux-mêmes par cooptation.

À la décharge du gouvernement de l'époque se crédite sa profonde incompétence à comprendre les questions de fond cachées derrière cette réforme constitutionnelle. Il a décidé de satisfaire une revendication catégorielle comme une autre, comme s'il s'agissait de coiffeurs, de camionneurs ou de betteraviers, sans comprendre que toucher à la justice met en cause l'équilibre de la République et l'ordre public dans ce qu'il a de plus intime et de plus quotidien.

La surprise de Chirac

Pendant un an ou deux règne le calme plat sur le chapitre de réforme de la justice. L'hécatombe continue avec les hommes politiques mis en examen. De ce fait, le discours politique sur la justice est de plus en plus fuyant. Dans sa lettre à tous les Français de 1988, François Mitterrand n'écrivait même pas le mot « justice ». La campagne présidentielle de 1995 n'apportera guère plus. Jacques Chirac hérite d'une situation muette avec une montée en puissance des affaires toujours plus menaçantes qui touchent maintenant ses compagnons proches à la mairie de Paris. La suspicion pèse sur Jacques Toubon, accusé de vouloir sauver ses amis de la majorité sans pouvoir d'ailleurs y parvenir. L'« Association professionnelle des magistrats », de droite, règne dans son cabinet. Les idées de réforme tournent en rond au gré de l'actualité. Prescription des abus de biens sociaux, prescription des crimes terroristes, projets de loi contre le racisme après les gros mots annuels de Le Pen, réforme de la cour d'assises rattrapée *in extremis* par la commission Deniau et bloquée au Sénat. À l'arrière-plan, l'avortement de la réforme de l'instruction et le nouveau Conseil supérieur de la magistrature, monument tout neuf de la République, bouchent désormais toute réflexion nouvelle sur le sujet.

C'est sur ce terrain maussade apparemment épuisé que Jacques Chirac lance sa charge en dépliant l'ensemble d'un dispositif de questions à résoudre toutes reliées les unes aux autres. Première étape : TF1 le 12 décembre 1996. On commence par le commencement. La suspicion pèse sur les politiques de vouloir étouffer les affaires ? Posons la question de l'indépendance des parquets. D'ailleurs, quel inconvénient puisque les procureurs n'obéissent plus ! Mais si l'indépendance de la justice est renforcée, sa dignité doit l'être aussi. Et voici le problème de la présomption d'innocence avec, derrière, le serpent de mer de la réforme de l'instruction. La commission Truche sera saisie en même temps de ces deux questions, aussitôt complétées le 20 janvier par la question de la légitimité et de la responsabilité d'un Parquet devenu indépendant. Ce qui remet adroitement sur le tapis la question de la composition du Conseil supérieur de la magistrature puisque la légitimité dépend notamment du mode des nominations. Mais ce n'est pas tout : un troisième train se raccroche au projet de réforme, celui de la justice civile. Tout y passe : le budget, les moyens, l'immobilier, la définition des missions, la formation, la carte judiciaire, la réforme des procédures, la médiation, l'alternative au droit pénal. Le tout selon un plan de cinq ans. Comme l'aurait dit François Mitterrand, « tout cela est bien compliqué ».

Alors pourquoi Jacques Chirac s'est-il lancé dans cette entreprise ? Des mauvaises langues diraient : Chirac risque de casser du bois sur les « affaires ». Alors autant les « anecdotiser » en montrant qu'il est capable de grand œuvre. Après la réforme de la conscription, voici la réforme de la justice. Une sorte de redite d'une tentative massacrée en 1990 par le gouvernement Rocard au moment du vote de la loi d'amnistie. Souvenons-nous : cette loi d'amnistie considérée comme « autoamnistiante » par les députés alors que ceux qui l'avaient votée en étaient exclus. Cette loi catastrophique truffée d'une exclusion majeure, l'« enrichissement personnel », apporta la révolte des juges, parmi lesquels le juge Thierry Jean-Pierre au Mans, qui commença sa carrière de star en décidant, en signe de protestation, de remettre en liberté quelques détenus de droit commun au nom de l'égalité. L'amnistie n'apporta pas la paix civile car l'exclusion était évidemment suffisante pour servir de prétexte à toutes les investigations, malgré les efforts d'Henri Nallet et de Michel Vauzelle. Avoir l'opprobre sans disposer de la paix, voilà l'exemple type de la contre-performance judiciaire dont le pouvoir politique est capable. L'efficacité d'une loi d'amnistie est directement proportionnelle à son immoralité. Il faut savoir ce que l'on veut. L'amnistie Pinay, qui fit revenir des capitaux français enfuis à l'étranger en 1958, fut sans doute une des plus scandaleuses. Ce fut aussi la plus efficace. L'amnistie de 1990 fut la plus vertueuse – et la plus calamiteuse. Encore faut-il rendre hommage à Michel Rocard d'avoir perçu dans cette situation la maquette d'une idée sous forme d'antidote qui s'appelle l'« année de la justice ». Las ! Ce ne fut qu'une démarche au protocole d'Ancien Régime. Le Premier ministre vint en grande pompe à la Chancellerie, non pas s'agenouiller quand même, mais en quelque sorte « rendre grâce » à son garde des Sceaux, Pierre Arpaillange, et promettre monts et merveilles. Pour un résultat nul, aucune réforme et peu d'argent ayant suivi ce déplacement symbolique.

Mais l'idée restait bonne. Il eût été possible, voire plus facile qu'aujourd'hui, de faire cette espèce de grand troc entre le politique et le judiciaire, une vraie remise à zéro des compteurs des responsabilités pénales dans le financement des partis et des activités politiques, en contrepartie d'une véritable réforme de la justice dans le sens d'un complet *aggiornamento* sur tous les terrains, civil, pénal, organisationnel, géographique et budgétaire. Aujourd'hui, l'amnistie nouvelle est sans doute hors de portée. Beaucoup de politiques vont encore tomber pendant une dizaine d'années. Pierre Truche lui-même, alors procureur général près de la Cour de cassation, avait tenté d'inventer un système de repentir afin de « tourner la page » devant la crainte de voir dévaster durablement[1] la vie politique française. Aujourd'hui la question n'est plus de sauver quelques têtes qui seraient écartées de la vie politique pour toujours ou pour une dizaine d'années, comme ce fut le cas pour Clemenceau à la fin du siècle dernier avec l'affaire de Panamá. Reste maintenant à sauver cependant l'essentiel aux yeux de l'opinion publique : la crédibilité des politiques, à commencer par le premier d'entre

1. *L'Express*, le 1er décembre 1994.

eux, le président de la République. Sur un plan purement politicien, cette sortie par le haut des affaires en procédant à une réforme profonde de la justice ne manque pas d'intelligence et d'habileté. Ceci d'autant plus que, pour une fois, la politique ne consisterait plus à « surfer » sur les événements pour en ramasser la mousse, mais à prendre un problème de fond par le fond, ce qui n'est pas si fréquent. Depuis le mois de juin 1997, la politique politicienne a changé. On ne sait si, après avoir crié « chiche » sur la réforme de la justice quand ils étaient dans l'opposition, les socialistes vont mettre leur défi en œuvre maintenant qu'ils sont au pouvoir. Quelle que soit leur décision, les problèmes de fond demeurent, correctement posés par Jacques Chirac, justement inspiré dans sa pensée et dans son action en matière de justice par un sage fidèle et réservé, Maurice Ulrich. Mais ces problèmes directement à l'origine de la charge du président, quel en est le sens ? Si le tableau immédiat de l'activité politicienne en matière de justice prend une forme, encore faut-il s'entendre sur la nature des symptômes qui dérangent et la réalité des causes de la montée en puissance du concept de justice et de l'appareil qui l'incarne.

CHAPITRE II

STIGMATES ET SYMPTÔMES

(Des douleurs très françaises)

Les discours du président de la République, le 12 décembre 1996 à TF1, le 20 janvier 1997 à France 2, le 21 janvier pour l'installation de la commission Truche, et enfin le 6 mars sur le cinquantenaire du Conseil supérieur de la magistrature, présentent ce tableau des symptômes dont souffre la justice française. L'analyse du président est pragmatique. Elle est le fruit de son observation de l'actualité.

Les trois plaies

Trois plaies marquent l'époque. Le soupçon sur le politique, le piétinement de la présomption d'innocence et la perte de crédibilité de la justice au moment où elle n'a jamais été autant sollicitée. Que voit le président ? Beaucoup de bruit et de fureur autour des affaires concernant les hommes politiques. Des mises au pilori médiatico-judiciaires, des grands patrons en prison en France et en Belgique. Le maire de Lyon abattu par une anecdote judiciaire qui vient clôturer modestement un maelström colossal de deux ans. Un ministre de la Communication mis en prison. Un ancien ministre d'État du gouvernement Balladur, Michel Roussin, mis en examen, démissionné, mais bénéficiant rapidement d'un non-lieu[1]. Un autre ministre, Gérard Longuet,

1. Mise en examen : 1,20 m d'épaisseur de coupures de presse ; non-lieu : 10 centimètres !

qui finalement passe en correctionnelle. Le maire de Paris et sa femme traqués, perquisitionnés et transformés en vedettes des Guignols. Le Premier ministre mis en accusation et obligé de déménager en catastrophe pour avoir habité un appartement bon marché de la Ville de Paris. Le gros iceberg de l'affaire des HLM de la Ville de Paris, les marchés du conseil général d'Île-de-France…

Jadis, dans l'affaire de Panamá, on parlait des « chécards ». Untel « a touché ». Le mot suffisait pour mettre n'importe quel homme politique dans la géhenne de ceux qu'on accusait d'avoir vendu leur vote en faveur de la construction du grand canal, qui fut la catastrophe que l'on sait et provoqua la condamnation à cinq ans de prison de Charles et de Ferdinand de Lesseps, et celle d'Alexandre Gustave Eiffel à deux ans par la cour de Paris, le 9 février 1893[1]. Aujourd'hui, le « chécard » moderne est le « receleur », celui qui pour son parti, pour sa campagne et parfois pour lui-même a bénéficié d'un avantage consenti par une société commerciale et ne correspondant pas à l'objet social de celle-ci. Comme cette infraction ne commence à se prescrire que du jour de sa découverte, elle est pratiquement imprescriptible. Et comme, en 1996, la Cour de cassation a, pour la première fois après des années de jurisprudence contraire, aligné le régime de la prescription du recel de l'abus de bien social sur l'infraction principale, le recel est désormais lui aussi pratiquement imprescriptible. Comme les hommes politiques se sont tous financés par cette facilité que leur consentaient les entreprises, ce sont autant de receleurs, et pour longtemps. Comme l'écrivait Pierre Truche dans son interview dans *L'Express* de décembre 1994, ce qui a été longtemps toléré ne l'est plus et les cadavres symboliques des hommes politiques jonchent les écrans de télévision. La jouissance de la mort de l'autre ayant toujours été la plus

1. Le 16 janvier suivant, la Cour de cassation cassa cet arrêt sans renvoi pour cause de prescription.

archaïque et profonde qui soit, les médias utilisent la chute des hommes publics comme un spectacle. Naturellement, il leur faut la complicité de certains avocats, juges et policiers qui leur procurent l'information à ce stade délicieux de la naissance du soupçon, au moment où le viol est le meilleur et le plus saignant. Le public aime ça. La presse aussi, d'autant plus qu'elle ressent une forte légitimité à devenir auxiliaire intéressée de la police et du Parquet. Dans le grand théâtre médiatique de la démocratie d'opinion, l'époque se venge et paye des années de retard quasi moyenâgeux de l'information. Il faut se souvenir que la Ve République a connu cinq cabinets disposant en leur sein d'un ministre de l'Information (un présidé par Michel Debré, du 8 janvier 1959 au 14 avril 1962, et quatre par Georges Pompidou jusqu'au 31 mai 1968). Seul mai 1968 vint à bout de cet archaïsme accompagné de tout son cortège de pressions sur les médias et de direction de l'information, avec la RTF puis l'ORTF. En France, la presse d'opinion a laissé tardivement place à la presse d'information, et le Rouletabille fondateur du journalisme d'investigation, Jacques Derogy, n'est âgé aujourd'hui que de 72 ans. Souvenons-nous de la France d'hier. 3 décembre 1973 : notre service de contre-espionnage, la DST, osait truffer de micros les nouveaux locaux du *Canard enchaîné*, rue Saint-Honoré à Paris. Aujourd'hui, ce genre d'extravagance coûterait sa place au ministre de l'Intérieur et même au Premier ministre. Hier, non seulement la justice prononça un non-lieu deux ans après en faveur des « plombiers », mais elle condamna l'alter ego de Jacques Derogy, le jeune Jean-Marie Pontaut, pour avoir publié dans son journal *Le Point* la photo de l'un des fonctionnaires participant à cette équipée grotesque.

La légitimité de la presse se nourrit d'un lourd passé de timidité sous la IVe et la Ve République. Pendant longtemps, ses rapports avec la justice étaient anodins. Les avocats parlaient avant le procès pour essayer de contrer le petit résumé de l'affaire fait par le greffier de la cour d'assises ou du tribunal et distribué aux journalistes. Les policiers parlaient au moment de l'arrestation pour rassurer les bourgeois. Aujourd'hui, tous les acteurs judiciaires, policiers, juges, avocats, se bousculent dans la mêlée. Les uns pour se faire connaître et valoir avec l'illusion de défendre leurs clients, les autres pour étendre leur pouvoir sous la bannière de la « transparence », nouvelle valeur magique des temps modernes qui stakhanovise et modernise les mérites antiques de la confession. L'aveu au média même le plus contraire à l'éthique absoudrait autant que celui fait au prêtre de jadis. Le cirque médiatico-judiciaire illumine l'époque de ses lampions. Le pouvoir qui pendant des décennies écrasa l'information et la justice vit maintenant dans la terreur de se voir touché ou même regardé par la terrible machine. Le couple justice-médias a pulvérisé les quelques capacités pour le politique d'utiliser les divers moyens de commandement dont il disposait sur ses agents de poursuite, à savoir le Parquet, jadis avocats du roi, ci-après nommé « le Parquet », parce qu'ils requéraient debout dans l'intérêt de la société tout entière. Les procureurs poursuivent et ouvrent des informations ou défèrent des délinquants devant les juridictions correctionnelles. Un juge ne s'autosaisit pas. C'est le Parquet qui le saisit. Il en va ainsi dans toutes les démocraties. Mais la terrible machine a trouvé la parade. Le juge étouffe vite dans la zone de pêche étroite qui délimite sa compétence. Il lance donc ses filets bien au-delà et ramène plein de jolis poissons qui concernent des infractions pour lesquelles il n'est pas saisi. C'est aussitôt la criée par la voie du *Monde*, de *L'Express*, du *Point*, de *L'Événement du jeudi* ou du *Canard enchaîné*. Le procureur se retourne dès lors vers sa hiérarchie d'un air éploré : « Je ne peux pas faire autrement que d'ouvrir une nouvelle information. » Et le procureur général de se retourner vers le garde des Sceaux en soupirant : « Que voulez-vous faire ? » Pendant longtemps, le garde des Sceaux, supérieur hiérarchique de ses parquets, a eu la maîtrise de l'ouverture des informations. L'article 36 du Code de procédure pénale lui donne le pouvoir de donner instruction de poursuivre à ses procureurs. La pratique lui permettant de commander la « non-poursuite ». Pour avoir abusé de ce pouvoir, il l'a aujourd'hui perdu à cause du moteur à explosion médiatico-judiciaire. Il refuse même aujourd'hui, depuis juin 1997[1], son rôle légal, qui consiste à donner des instructions pour les ouvrir à cause de la suspicion qui délite son rôle et le rend suspect de complaisance ou d'agressivité partiale. Le voilà neutralisé.

La procédure inquisitoire française, théoriquement secrète, favorise tous ces jeux pervers. En clandestinisant l'information de manière impossible, elle ouvre la porte à toutes les atteintes au débat contradictoire. Elle favorise tous les trocs, les négociations, le marché noir de l'information sans sanctions, sans jamais la soumettre dans les palais de justice à un débat au moins « fair-play » parce que encadré de quelques règles de base. Reste le spectacle judiciaire normal de l'audience publique, simple « nettoyage de tranchée ». On respecte des délais de procédure exagérés qui peuvent aller jusqu'à neuf ans (comme dans l'affaire Villemin), ce qui rend aberrante toute tentative de faire observer un secret sur l'étude des soupçons. On suit une procédure qui marque du sceau d'infamie le suspect par la mise en examen au début de la procédure plutôt qu'à la fin, avec le surcroît d'opprobre que constitue trop souvent la mise en détention abusive pour « le faire causer ».

En 1988, la France avait le triste privilège d'avoir le taux de détention provisoire pour 1 000 habitants le plus mauvais des pays du Conseil de l'Europe avec 38 ‰, devant la Turquie (37 ‰). Depuis lors, la situation est devenue un peu moins humiliante tout en restant beaucoup plus défavorable que celle des pays nordiques, germaniques et anglo-saxons. Les six

1. Voir le refus d'Élisabeth Guigou de donner des instructions au procureur général de Paris dans l'affaire dite « des HLM », qui dans son rapport approuvait l'analyse du procureur de la République concluant à la non-délivrance d'un réquisitoire supplétif.

dernières années, environ 40 % des détenus sont dans l'attente d'une décision définitive. « Scandaleuse présentation, réagissent les défenseurs du système établi : par "prévenu", on entend en France les gens qui ne sont pas condamnés et ceux qui le sont mais attendent un appel. Ce n'est pas le même décompte dans les autres pays. » Faux : les statistiques du Conseil de l'Europe sont largement homogènes. Ce n'est pas parce que notre système d'appel est obsolète et rallonge la procédure que nous sommes excusés. La performance de notre système au regard des critères internationaux est lamentable. « Oui, protestent les conservateurs, mais regardez le système judiciaire américain avec son million et demi de détenus, l'un des plus forts taux de détention du monde développé. Quel modèle ! » Mauvaise foi de ceux qui brouillent les cartes. Il est vrai que le système judiciaire américain est d'une très grande sévérité, subverti qu'il est depuis quinze ans par les affaires de drogue et par la violence d'un pays qui laisse en vente libre les armes à feu. Mais la présomption d'innocence y est bien mieux sauvegardée au regard de la mise en détention provisoire puisque leur taux avoisine 12 % de privation de liberté préventive. Seule la dangerosité est un motif de détention. « Oui, protestent les juges d'instruction français, mais ils pratiquent les cautions, ce qui n'est pas acceptable chez nous. On ne saurait favoriser ceux qui ont de l'argent au détriment des pauvres. » Voilà bien encore une réflexion française classique fondée d'abord sur l'ignorance du monde extérieur, en l'espèce la méconnaissance du fonctionnement de la caution sur le grand nombre. Il ne s'agit pas d'une espèce de racket, mais d'une pratique largement dissuasive, adaptée au revenu du justiciable, dans laquelle la plupart du temps seule une petite partie de la somme demandée est exigée. Le reste existant à l'état d'épée de Damoclès. On est loin de la pratique de certains juges d'instruction français qui considèrent que la caution est en quelque sorte une peine préventive destinée, par exemple dans les affaires d'initié, à faire payer au mis en examen tout ce qu'il devrait payer comme amende et dommages et intérêts s'il était condamné ! Le mythe de l'égalité – pas de différence entre les pauvres et les riches – reste surtout un moyen de faire souffrir tout le monde et de justifier un système ancien dont la véritable finalité est, premièrement, de préjuger d'une affaire en détruisant symboliquement le justiciable et, deuxièmement, de faire parler les « patients » en se servant de la contrainte carcérale. Tant que cela ne concernait que les petits et sans grade, tout le monde s'en fichait complètement. Maintenant que la technique est visiblement utilisée avec Loïk Le Floch-Prigent et les dirigeants d'Elf Aquitaine, les politiques le voient et comprennent le problème français de la présomption d'innocence. De même la garde à vue pendant vingt heures sans avocat n'a-t-elle pas d'autre objet que de faire craquer le suspect dont on veut obtenir une parole et un aveu. Bien isolés, sans lacets et parfois sans lunettes, sans contact avec l'extérieur, mis au repos dans une petite cellule étouffante, repliés la nuit sur un banc, privés du léger somnifère habituel et ayant à utiliser des toilettes puantes, le bon bourgeois cadre supérieur ou chef d'entreprise, la belle secrétaire chic et parfumée ou le petit ou grand élu voient vite fondre leurs défenses. Ils découvrent avec retard les méthodes judiciaires françaises séculaires et s'aperçoivent que « ça n'arrive pas qu'aux autres ». La classe dirigeante s'inquiète. De riches avocats et de célèbres magistrats[1] lui donnent des cours dans les salons luxueux du restaurant *Le Doyen*, dans la belle partie des Champs-Élysées demeurée intacte après le rond-point dit « du *Figaro* ». Jadis la bourgeoisie aimait s'encanailler dans des lieux de semi-débauche. Désormais on s'encanaille pour de vrai avec la perspective frissonnante de se faire tôt ou tard accrocher à un radiateur dans un cul-de-basse-fosse. Exagération ludique quand on connaît le style de la brigade financière

1. Qui se sont décommandés dans le dernier épisode (septembre 1997) après quelques moqueries bon enfant du *Canard enchaîné*.

rue du Château-des-Rentiers, dont les pratiques profitent naturellement du « cadre de travail » austère voulu par le genre, mais qui permettent surtout aux hommes d'affaires de comprendre assez vite qu'ils ne sont plus les seuls à disposer de la maîtrise intellectuelle des chiffres, des comptes et des bilans de leur entreprise. La découverte par l'*establishment* du « scandale » du piétinement de la présomption d'innocence lui ouvre un nouveau continent noir de réflexion et de doutes.

Vertiges et sondages

La souffrance de l'*establishment* qui découvre soudainement le système pénal du peuple est-elle une souffrance partagée ? Non ! Elle motive en tout cas l'action du politique miné par la suspicion et par la perte d'autorité sur ses outils traditionnels de commandement. Douleur solitaire ? Apparemment oui ! Les Français ne se plaignent pas du système pénal. Encore qu'il faudrait peut-être leur poser mieux et davantage la question. Ils se plaignent en revanche beaucoup des politiques et de la justice. À 82 % selon un sondage SOFRES RTL/*Le Monde* de 1996, les citoyens français pensent leur justice soumise au pouvoir politique. La plupart estiment qu'elle est plus indulgente avec les hommes politiques (73 %) et les hauts fonctionnaires (69 %). 71 % pensent que rendre les parquets indépendants est une bonne chose car le pouvoir politique ne pourra plus faire pression sur les magistrats. 59 % veulent que la justice devienne un véritable pouvoir et 51 % des sondés estiment que le secret de l'instruction serait un moyen d'empêcher la presse de parler des affaires[1].

1. Mais, d'après un sondage CSA/CFPJ des 18 et 19 septembre 1997, 77 % des Français ne trouvent « pas normal » que les journalistes publient des informations sur une affaire malgré le secret de l'instruction et 79 % « pas normal » non plus qu'ils divulguent le nom des personnes mises en cause et qu'ils publient des documents confidentiels.

Dans le même temps, 66 % ont une image mauvaise de la justice en France, la majorité pense qu'elle ne dispose pas des moyens suffisants (77 %), qu'elle est vieillotte (87 %), coûteuse (77 %), et ne respecte pas les droits de la personne (53 %). Cette batterie de questions et de réponses dévoilée le 21 janvier 1997 dans *Le Monde* montre que le président de la République avait bien tapé dans le mille en considérant qu'il y avait un problème majeur et global avec la justice en France. C'est au moment où le pays est le plus à feu et à sang, où deux anciens ministres sont en prison ou en sortent (Carignon et Tapie) et l'ancien président de l'Assemblée nationale condamné, où le maire de la deuxième ville de France est destitué, le Premier ministre obligé de déménager, où de nombreux barons RPR et socialistes tenant des conseils généraux sont au banc d'infamie et que le propre maire de Paris se fait traquer comme un vulgaire gibier de correctionnelle que 82 % des Français voient la justice soumise au pouvoir politique. Pourtant, jamais la justice n'a été aussi indépendante. Ce paradoxe montre à quel point les images de la justice sont profondément ancrées dans l'inconscient culturel et non point le réel. Elles montrent aussi que l'insatisfaction se manifeste tous azimuts et que le mépris est quasi généralisé sur toute la gamme des valeurs. Les 53 % de Français qui considèrent que la justice ne respecte pas assez les droits de la personne font écho aux 75,3 % qui en 1988-1989, selon une enquête réalisée par le CESDIP, pensaient « qu'il vaut mieux ne pas avoir affaire à la justice même si on est innocent », reprenant par là le conseil de François Mitterrand : « Évitez tout recours à la justice, vous en ressortiriez sali. » Une importante étude de ce laboratoire associé au CNRS en apprend long sur la profondeur de la défiance des Français. 48,8 % contre 39,1 % pensent que, selon que le juge a bien ou mal déjeuné, on ne sort pas jugé de la même façon. 65 % craignent que le fait de juger devienne une routine pour les juges. Et comme en écho au sondage réalisé au moment de l'installation de la commission Truche, voici la preuve par neuf de la vérité des relations justice-politique et de la profondeur de la crise. À neuf ans d'intervalle, la constante est saisissante. En 1988-1989, 77,6 % des personnes interrogées par le CESDIP pensaient que ceux qui ont le pouvoir n'ont pas beaucoup de mal à faire déplacer un juge d'instruction qui leur déplaît. En douze ans ce chiffre est passé de 43,4 % en 1977 à 77,6 % en 1989. Les deux responsables de cette dernière enquête, massive et approfondie, écrivaient cette phrase profonde qui résumait non pas un simple sondage mais un travail scientifique de plusieurs années : « Vue comme manipulée, peu équitable, incompréhensible, les justiciables préfèrent toujours fuir leur justice plutôt que de la rencontrer. Du moins ils la boudent largement. [...] C'est le triomphe du scepticisme et de la morosité sociale[1]. »

Si l'on remonte dans le temps, les balises observées aujourd'hui se complètent :

1987 : *Que choisir ?* 56 % des Français ont peur de leur justice et 84 % la trouvent aléatoire.

1985 : BVA : 50 % des Français (seulement) considèrent que les juges d'instruction sont intègres. 44 % ont plutôt confiance dans la justice et 47 % n'ont plutôt pas confiance.

1984 : IPSOS : 66 % considèrent que la justice fonctionne mal.

1976-1977 : CESDIP : 49 % des Français considèrent que les décisions des magistrats sont influencées par des pressions de leurs supérieurs, 53 % par celles du pouvoir politique (33 points de plus vingt ans plus tard), et 44 % par leur appartenance syndicale.

Enfin, dernier sondage afférent aux droits individuels à vingt-six ans d'intervalle : 51 % des Français estiment que, si le rôle de la justice est de garantir la liberté individuelle, elle le fait mal (IFOP, 1971). En 1997, 53 % considèrent qu'elle ne respecte pas

1. Frédéric Ocqueteau et Claudine Perez-Diaz, « L'évolution des attitudes des Français sur la justice pénale », *Études et Données pénales*, n° 54, Paris, CESDIP, 1988, p. 60. Voir aussi le rapport définitif, *Déviance et Contrat social*, n° 50, Paris, CESDIP, 1989.

les droits de la personne. Voilà peut-être la seule trace de l'insatisfaction relative à l'instruction pénale et à la présomption d'innocence.

De l'anorexie à la boulimie

Paradoxe qui n'en est peut-être pas un, cette dégradation de plus en plus nette de toutes les mesures de satisfaction va de pair avec une augmentation importante du nombre des usagers de la justice au quotidien. Pour schématiser, les contentieux des affaires civiles se sont multipliés par trois depuis la guerre. Aujourd'hui, les tribunaux de grande instance rendent 628 839 décisions (1995) ; une petite moitié des jugements concernent le droit de la famille (le divorce et ses conséquences), une centaine de mille le droit des contrats et des affaires, et environ 25 000 le droit de la responsabilité. 120 000 décisions sont rendues chaque année selon la procédure d'urgence en référé qui permet d'obtenir une décision exécutoire en quelques jours. Les tribunaux d'instance rendent de leur côté 500 000 décisions dont environ 10 000 dans le droit de la famille et près de la moitié pour régler les petits litiges relatifs aux contrats – sans compter 120 000 décisions de référé. Les conseils des prud'hommes règlent 165 000 dossiers de salariés chaque année, et les tribunaux de commerce rendent 271 000 jugements, tandis que les tribunaux administratifs règlent 90 000 dossiers par an. Sans vouloir manifester un optimisme provocateur ou exagéré, on ne peut pas raisonnablement considérer que ces chiffres soient aussi catastrophiques que ceux des enquêtes d'opinion. Ils feraient envie à beaucoup d'autres États du Conseil de l'Europe et du monde anglo-saxon. Les procédures de référé permettent d'obtenir une décision en urgence. Le tribunal d'instance juge en moyenne en 5,3 mois, le tribunal de grande instance en neuf mois, et les cours d'appel en quinze mois. Sept ans plus tôt, les chiffres étaient de 4,4 pour le tribunal d'instance, 10,5 pour le tribunal de grande instance et 16,9 pour les cours d'appel. Bien sûr, il existe des dénis de justice dans certaines cours d'appel comme Aix, Montpellier, Versailles ou Douai, où des décisions ne peuvent être rendues dans certaines matières qu'en trois ou quatre ans[1]. Ce qui est inadmissible et entraîne un discrédit sur l'institution judiciaire tout entière. Il y aurait beaucoup à redire sur le patrimoine immobilier de la justice, son parc automobile, ses retards informatiques, le nombre insuffisant de fonctionnaires, greffières et greffiers. Et beaucoup devra être dit sur ces divers blocages et anomalies qu'il convient de traiter. Des situations individuelles trop nombreuses et pathologiques servent d'étendard de misère pour décrire une situation qui est très mal perçue, mais non point de l'ordre du sinistre général et du chaos souvent décrit. Contrairement aux idées reçues, la justice civile française a plutôt mieux résisté au choc quantitatif de l'après-guerre que la justice anglo-saxonne, et plus particulièrement celle de l'Angleterre. Par une sorte de mouvement classique, des situations pathologiques criantes voilà quinze ans mais inconnues à l'époque viennent avec retard à la connaissance du public au moment où elle se sont non pas guéries mais améliorées. Le temps n'est plus où la cour d'appel d'Agen, par exemple, ayant épuisé en 1985 son crédit de téléphone, essayait de se faire systématiquement rappeler par le tribunal ! Et pleurait pour acquérir les codes Dalloz refusés par le département. Cette aberration appartient au passé. Le Waterloo informatique de l'ensemble de la justice est terminé. Les menaces pèsent toujours sur la justice civile qui frôle tous les ans le précipice, mais son visage de 1997 n'a plus grand-chose de ressemblant avec celui de 1980. Une révolution silencieuse s'est opérée, manifestement insuffisante si l'on en croit l'opinion, mais dont il faut prendre acte pour réfléchir à une crise qui n'est plus de

1. À Douai, on fixe des audiences à la cour en l'an 2000.

même nature que voilà vingt ans, même si, paradoxalement, elle est beaucoup plus grave politiquement.

Quant à la justice pénale, elle-même vitrine de la justice, ses chiffres évoluent sans révolution. Seule inquiétude objective, le nombre de détenus qui, de 1989 à 1996, est passé de 48 480 détenus pour 36 000 places à 58 606 pour 49 000 places. Manquaient 12 000 places en 1989 et 9 000 aujourd'hui. Les condamnations sont plus longues aujourd'hui qu'hier. Elles ne sont pas plus nombreuses : 2 500 condamnations pour crimes en 1994, 2 725 en 1986. 407 000 condamnations pour délits en 1994, 599 000 en 1986. 78 000 contraventions de cinquième classe (les plus importantes) en 1994 contre 113 327 en 1986. Si l'on neutralise les effets anticipés de la loi d'amnistie de 1995, les modifications des chiffres ne sont pas vraiment significatives. Moins de 8 % des affaires sont instruites par les juges d'instruction, ce qui montre à l'évidence que le quantitatif en matière judiciaire n'explique pas tout de la notoriété ou de l'importance donnée aux événements. En revanche, le chiffre qui fait mal est celui des classements sans suite, c'est-à-dire des plaintes que le Parquet n'a pas voulu ou pas pu traiter. 3 600 000 en 1989, 4 161 926 en 1995. Pour 5 191 255 procès-verbaux reçus. Cela veut dire que chaque année 5 millions de Français de plus de 20 ans vont se plaindre d'une infraction pénale petite ou grande et que 80 % de ceux-ci constatent l'impuissance de la justice. Il est vrai que 58,1 % des procès-verbaux dressés concernent des faits commis par des auteurs inconnus, ce qui ne facilite pas la tâche des policiers et des juges. Les statistiques montrent cependant que, pour les plaintes, dénonciations et procès-verbaux dressés contre des personnes bien dénommées, une sur deux sera poursuivie. De deux choses l'une : ou bien le droit pénal français est inadapté car trop abondant et suranné, ou bien le nombre des magistrats et des policiers est insuffisant. Le choc des chiffres de ces classements sans suite est sans doute le plus fort d'impact sur la perception par le public de la justice et de la sécurité, qui n'est en réalité que la perception subjective de la sûreté pour les personnes.

Mais le droit pénal, c'est aussi les grandes affaires et le traitement des catastrophes. Étrangement, jamais ce droit n'a été aussi miroitant et rutilant sous les spots des médias. Rien n'y résiste. Depuis le petit monument aux morts qui s'effondre en blessant quelques habitants et provoque la mise en examen du maire jusqu'à la destruction de la tribune du stade de Furiani qui aboutit à la comparution du préfet du département en correctionnelle et à la condamnation de son directeur de cabinet. Personne n'échappe plus à l'impérialisme français du droit pénal, pas même l'ancien Premier ministre, Laurent Fabius, mis en examen par la Cour de justice de la République parce que, sous sa responsabilité politique, des produits sanguins non chauffés furent délivrés à des hémophiles. Le corps préfectoral n'est pas à l'abri : trente ans après la signature d'un permis de construire, un préfet de 79 ans est mis en examen le 16 décembre 1994 à cause de la catastrophe de Vaison-la-Romaine[1]. 40 % des maires sortants ont refusé de se représenter aux dernières élections à cause, dit-on, des risques de comparaître en correctionnelle que leurs fonctions leur font courir. On a même mis en examen des hauts fonctionnaires en les accusant de lacunes de la réglementation, ce qui revient à soumettre au juge pénal le contrôle de l'opportunité dans l'exercice du pouvoir réglementaire qui, constitutionnellement, appartient au gouvernement. Ainsi, demain, en cas par exemple d'accident, les ministres seraient-ils responsables pénalement, et non plus seulement politiquement, de leurs décisions dans l'exercice de leurs compétences prévu par la Constitution. Aucun domaine n'échappe au juge pénal, donneur de leçons universel, même dans les dossiers les plus spécialisés, qu'il s'agisse de la santé, de l'aéronautique, de l'hydraulique, du sport, du nucléaire ou de la religion. Jadis

1. Il bénéficiera d'un non-lieu discret le 3 mai 1996.

Xerxès, l'empereur de Perse, envoyait un esclave fouetter la mer parce qu'une tempête avait détruit sa flotte. Aujourd'hui il enverrait un juge d'instruction mettre en examen ses amiraux.

La justice pénale française s'est lancée dans une entreprise de conquête, de régulation de toute l'activité économique et sociale – l'homicide involontaire n'étant que la judiciarisation générale de la tragédie. Toute infraction permet de clouer au pilori symboliquement tout un chacun sans que la faute pénale retenue soit en rapport avec une faute morale. On en arrive parfois dans des colloques savants[1] à entendre des magistrats discuter des mérites de la « coloration morale » des fautes pénales en se montrant d'ailleurs fort sceptiques sur l'intérêt d'une telle initiative.

La magistrature française composée de 1 900 juges du Parquet et de 4 300 juges du Siège regarde ce mouvement des Français vers la justice avec la crainte de se faire déborder par la demande et le nombre. Mais, d'un autre côté, elle reçoit aussi comme une gratification narcissique cette sollicitude qu'elle ne veut pas décevoir. Ainsi, son attitude à l'égard de l'homicide involontaire est souvent déterminée par le désir de plaire, de ne pas décevoir les victimes qui finissent, contrairement à ce que peut dire la presse, par occuper le centre du procès pénal et exercer une véritable dictature sur l'instruction et le procès. On a vu à Bastia, dans l'affaire de Furiani, un préfet mis hors de cause par la juridiction d'instruction obligé de comparaître pendant un mois derrière un blockhaus vitré parce que les victimes l'avaient demandé. Interrogé sur le statut judiciaire étrange de ce haut fonctionnaire, le président du tribunal eut ce mot : c'est un « prévenu sous condition suspensive », nouveau concept juridique extravagant inventé pour la circonstance devant une foule de victimes en fureur. Nul doute que la leçon sera retenue dans d'autres cas. Désormais, les victimes pourront choisir de faire comparaître qui elles veulent nonobstant l'instruction prépa-

1. Cf. « Accidents techniques, facteurs humains et responsabilité pénale », colloque, Lyon, 4 juin 1997.

ratoire puisqu'on ne veut pas leur faire de peine. On se moque beaucoup des Américains procéduriers qui font des procès insensés et saisissent la justice à tout bout de champ, même lorsque des imprudents se sont brûlé les cuisses en ouvrant maladroitement dans leur voiture un gobelet de café. Nous ne nous rendons pas compte que nous sommes pires en France, car non seulement nous ne sommes pas à l'abri de procès civils idiots, mais en plus notre système permet de poursuivre au pénal des affaires qui, dans la plupart des pays du monde, se traitent devant les juridictions civiles ou commerciales.

Aujourd'hui, les conflits d'actionnaires, nombre de contentieux d'affaires et la plupart des accidents se jugent au pénal lorsqu'ils atteignent un certain niveau de notoriété. Dans les luttes financières, les parties utilisent de plus en plus la voie pénale comme moyen de chantage parce qu'elles ont la possibilité de se servir de l'appareil d'État pour régler leurs affaires privées dès lors qu'une infraction réelle ou supposée est invoquée. « 72 % des informations ouvertes à la section financière de Paris ces deux dernières années l'ont été sur plainte avec constitution de partie civile, c'est-à-dire au terme d'une initiative privée. 66 % de ces dossiers se terminent par un non-lieu[1]. » Cette régulation violente est encouragée par une partie de la magistrature qui voit avec gourmandise son pouvoir s'étendre et trouver dans la nation une place qui n'a jamais été la sienne. Mais elle en inquiète d'autres qui mesurent les dangers d'une excessive judiciarisation pour l'appareil lui-même. C'est dire que, s'il existe un problème politique intéressant et riche, c'est bien celui de la justice dès lors que l'on est prêt à sortir de l'anecdote, des symptômes qui font mal sans faire réfléchir, des idées reçues, dès lors qu'un effort est accompli pour nous retourner vers nous-mêmes et notre histoire pour nous demander : « Mais qu'est-ce qui nous arrive ? »

1. Discours de Gabriel Bestard, procureur de la République, à la rentrée du tribunal de Paris, le 14 janvier 1997.

CHAPITRE III

ÉTAT-JUSTICE

(Ou la tragique histoire d'un couple)

La « marche blanche » qui réunit courant 1996 des centaines de milliers de Belges défilant dans la rue contre le crime et contre l'État illustre bien à quel point la justice est au cœur de la crise moderne de la citoyenneté. Jadis, devant des phénomènes aussi atroces que les crimes sur les enfants, la société réagissait aussi par des mouvements de foule. Mais pas les mêmes. L'exécution de Gilles de Rais, compagnon de Jeanne d'Arc condamné au bûcher en 1440 pour avoir violé puis assassiné une centaine de jeunes garçons, fit l'objet d'une sorte de procession à Nantes : un chemin de croix vers le supplice, le condamné tombant à genoux, priant, la foule lui répondant. Malgré une station à l'église et à la mosquée, la foule belge était silencieuse. Les crimes de Dutroux ne génèrent plus des prières, mais une protestation qui se manifeste contre le gouvernement, la justice, la police. Comme si, malgré les défaillances qui peuvent lui être justement reprochées, l'appareil étatique était responsable de cette tragédie. Le soir de cette grande marche, la télévision mettait en scène la rencontre entre les parents des jeunes victimes et le Premier ministre De Haene. Dans ce face-à-face, le politique fait figure d'accusé, les parents d'accusateurs et les téléspectateurs de juges. Il n'est pas indifférent que ce psychodrame se soit joué en Belgique, État récent, État faible, qui dans le registre du réel, du symbolique et de l'imaginaire n'assume pas ces fonctions cathartiques de l'angoisse devant la tragédie et le crime. Demain nous verrons peut-être des défilés contre les inondations et les incendies, ou tout simplement contre le Mal. Et pourtant d'aucuns pensent que cette mobilisation populaire à partir d'une catastrophe somme toute très individuelle a permis à une collectivité de se ressourcer, de prendre conscience d'elle-même et de manifester un besoin, comme ces poissons qui étouffent et palpitent à l'air libre à la recherche de leur oxygène. Serait-ce le juge Connerotte dessaisi par la Cour suprême de Bruxelles qui, à la place du Premier ministre belge, détient les clés de ce soulagement populaire ? Serait-ce le juge qui, dans des sociétés ayant perdu les moyens de tarir l'angoisse, deviendrait le dernier recours, détenteur du sens qui manque partout ? Cette « marche blanche » belge n'est peut-être qu'un épiphénomène, une réminiscence ou une maquette du futur qui nous guette. Elle offre l'intérêt de démontrer que le fonctionnement de la justice est au centre de l'organisation étatique. Tout ce qui affecte la justice affecte l'État, tout ce qui transforme l'État transforme la justice, qui est à la fois sa jumelle et sa substance.

Ce que nous connaissons des symptômes de la crise judiciaire française est directement lié à notre histoire, à la manière dont l'État s'est forgé et dont finalement nous nous regardons les uns et les autres, et lui et nous. Parce que ce vieil État vacille sous la décrépitude de ses valeurs et de son autorité, et à cause de son ensevelissement au sein d'autres ensembles mondiaux et régionaux, notre justice est en crise symétrique omniprésente. Elle ne répond plus à la nouvelle demande des Français sous le regard étonné des gouvernants qui n'ont pas vu changer ce monde-là. C'est une question d'argent, sans doute, mais surtout de concept dépendant de l'histoire. La démonstration est facile. Elle reste utile, même si le raccourci évoque la bande dessinée. L'histoire de l'État français moderne est un long combat qui commence au XIIIe siècle et dans lequel la justice est un enjeu essentiel, car l'histoire de la justice est aussi l'histoire de l'État. Et ce qui s'est passé voici plus de cinq cents ans affecte toujours notre réalité d'aujourd'hui.

Naissance d'une histoire

À la sortie du Moyen Âge, au moment où la croissance démographique fait éclater les gros bourgs, défricher les forêts, développer le commerce, le monarque s'aperçoit de l'émiettement de son royaume atomisé en une constellation de fiefs qui s'emboîtent les uns dans les autres comme des poupées russes. Le fief, morceau de terre qui fondait les rapports hiérarchiques, économiques et sociaux, avait un maître, un suzerain disposant lui-même de sa justice, attribut essentiel de son pouvoir. Dans le même temps, le monde de l'Église, héritier de l'Empire romain, pratique son propre droit, possède ses juges et s'articule tant bien que mal avec des pouvoirs temporels. C'est avec Philippe Auguste que démarre le grand chambardement qui, en quatre siècles, fera de cette espèce de Liban français un royaume unifié sous Louis XIV, celui-ci régnant sur une noblesse aux ordres, figée dans une étiquette implacable et rassemblée dans cet énorme camp de loisirs quasi militaire qu'est Versailles. Pendant ces cinq siècles, vingt-quatre rois et deux grandes guerres internes (la guerre de Cent Ans et les guerres de religion) se succéderont pour parvenir à créer ce qui sera à la veille de la Révolution le futur modèle de l'État-nation sur lequel nous vivons encore aujourd'hui difficilement. Philippe Auguste s'aperçoit qu'il n'est à la tête que d'une mosaïque, impuissant souverain ne régnant que sur Paris, dans son château dont on voit les fondations aujourd'hui sous la pyramide du Louvre. Le royaume s'étend seulement au sud de Paris jusqu'à Issoudun et, d'est en ouest, de Sens à Chartres. À coups d'épée, il raccroche la Normandie, l'Anjou, la Touraine, le Poitou, l'Artois, le Berry, l'Auvergne. Faisant alliance avec l'Église, profitant de la lutte contre l'hérésie cathare, il assoit son autorité dans les pays de langue d'oc. Parallèlement il satisfait les revendications des marchands contre les seigneurs, en accordant des chartes, des franchises aux villes, mais aussi en créant les nouveaux outils judiciaires que sont les bailliages et les sénéchaussées qui, s'ajoutant aux prévôtés, resteront en place jusqu'à la Révolution. La cour du roi à cette époque, la *curia regis*, prend une tout autre importance. Elle devient une juridiction et constitue la matrice de ce qui deviendra plus tard parlement et cour des comptes.

Cette gémellité de la justice et de l'État apparaît donc aussitôt. Pour les besoins de l'économie et de l'ordre public monarchique nouveau, c'est désormais le bailli qui est le juge de la matière retirée aux juridictions seigneuriales et des mains des prévôts. Le sénéchal est le juge d'appel des juges seigneuriaux et municipaux. Saint-Louis et Philippe le Bel complètent l'œuvre de Philippe Auguste. La France ressemble de plus en plus à la carte colorée de notre enfance. Baillis et sénéchaux recrutés dans la petite noblesse ou la bourgeoisie s'installent à demeure dans leur circonscription sous surveillance de commissaires royaux. Sous Saint-Louis, la *curia regis* se scinde pour devenir parlement en 1247. Composée de seigneurs laïcs et ecclésiastiques et d'une trentaine de légistes, cette institution s'épanouit à la fin du règne de Philippe le Bel avec le développement de plusieurs chambres : requêtes, enquêtes, grande chambre où le roi tient lit de justice. La conquête royale du territoire s'accompagne de celle de la justice, base de la souveraineté. La technique élémentaire de cette reconquête sera le grignotage des juridictions locales par la voie de l'appel et par l'atout que représente une exécution efficace des décisions par les fonctionnaires royaux. S'y ajoute la revendication d'une compétence automatique pour certains grands crimes qui atteignent gravement l'ordre public ainsi que pour des actions qui ont trait à la propriété foncière. Le coup de grâce final sera donné aux justices seigneuriales par la multiplication des cas royaux, et par l'« abus de justice » qui permet, au XVe siècle, de confisquer purement et simplement le droit de justice au seigneur pour cause d'incompétence. Parallèlement, le monarque lutte contre les justices ecclésiastiques, bien organisées, protégées par une hiérarchie coiffée par le pape. L'œuvre est difficile. Les juges de l'Église sont compétents pour juger les clercs, les *miserabili personae* (veuves, orphelins, pauvres), et pour traiter de toutes les matières touchant à la religion et aux sacrements (naissances, mariages, enterrements), sans compter la question relative aux biens de l'Église. En matière criminelle, l'Église est à l'origine de notre procédure pénale. C'est en 1229 que Grégoire IX crée l'Inquisition pour lutter contre l'hérésie cathare. La procédure d'instruction des affaires était directement inspirée de la procédure romaine réservée aux esclaves. Elle inclut la torture en 1252. Ce tête-à-tête entre le moine et son patient inspirera celui du lieutenant criminel et de son suspect dès le XVe siècle. Cette procédure, systématisée par les ordonnances de Villers-Cotterêts de 1539, puis par le monument juridique que constitue la Grande Ordonnance de Colbert en 1670, nourrit encore aujourd'hui dans sa logique notre traitement des affaires pénales. Ce qui explique sans doute cette si grande difficulté à toucher à des pratiques qui se fondent dans la nuit des temps sur un certain rapport des hommes les uns avec les autres et avec l'univers morbide de la faute et du crime. Mais, à l'époque, si l'objectif est de tirer la moelle de la procédure ecclésiastique pour assurer l'ordre public, il est également d'éviter de le laisser subvertir par l'Église, tant il est vrai que « toute autorité ne se mesure qu'à l'étendue de sa justice ». C'est Philippe le Bel qui donne l'assaut. En janvier 1304, il instaure par ordonnance la visite de tous les prisonniers de l'Inquisition par ses commissaires. Deuxième étape, toutes les décisions des tribunaux de l'Inquisition pourront faire l'objet d'un appel devant le parlement. Enfin, dernier épisode, fin du XIVe siècle, le grand coutumier de France considère qu'« au roi seul appartient la connaissance des hérétiques dont le crime relève du "lèse-majesté" ». Ce triomphe final de l'appareil judiciaire royal dont les fondements se sont créés au XIIIe siècle accompagne le mouvement de reconquête du territoire national par Charles VII à l'issue de la guerre de Cent Ans. À chaque étape de libération du territoire, le roi encourage la création de parlements à l'image de celui de Paris. Toulouse voit sa juridiction s'étendre sur tout le Languedoc en 1443, Bordeaux obtient son parlement en 1462, puis Grenoble et Dijon sous Louis XI, Aix sous Louis XII, Rouen sous François Ier, Rennes sous Henri II. Ces assemblées disposent de pouvoirs judiciaires, administratifs et législatifs. Elles sont les organes d'appel de toutes les juridictions inférieures royales, ecclésiastiques ou féodales, avec un recours en cassation devant le roi. Elles enregistrent des ordonnances royales qui peuvent faire l'objet de remontrances, c'est-à-dire d'amendements. Par un mouvement symétrique, à partir de 1274, date de la première réglementation de leurs honoraires, les avocats commencent à se développer. Quand les fondations des premiers châteaux de la Loire sont creusées, le Barreau vit désormais dans des règles précises avec ordre, tableau, costume et bâtonnier – ainsi nommé parce qu'il porte dans les cérémonies la bannière du bâton de la confrérie de Saint-Nicolas.

À mesure que les conflits et le droit deviennent plus complexes, le pays génère ses juristes. Ils ne seront cependant jamais très consistants au pénal car la procédure inquisitoire n'a pas besoin d'avocat. Et même à l'audience publique, ce dernier est le plus souvent réduit au rôle de muet déposant des mémoires écrits. Là encore, l'histoire explique des phénomènes contemporains. Les juges d'instruction d'aujourd'hui, héritiers du lieutenant criminel de jadis, lui-même inspiré de la figure de l'inquisiteur, manifestent souvent une irritation devant le rôle de l'avocat car celui-ci a été artificiellement greffé au XIXe siècle sur une procédure qui ne lui donnait aucune place logique.

Toujours est-il que la France du début du XVIe siècle dispose d'une justice en avance sur le reste de l'Europe. Ses juristes paraissent constituer un socle solide pour la modernisation du royaume et son début de démocratisation. Notre pays aurait alors pu, selon l'expression de Blandine Kriegel, se construire en État de justice[1]. Tout était en place pour cela sur le plan institutionnel et humain. Le monarque aurait pu s'appuyer sur les juristes privés pour poursuivre le mouvement vers sa construction de l'État. Il n'en a pourtant rien été et le royaume s'est transformé en État de finances et de police appuyé sur une administration de fonctionnaires encore vivante aujourd'hui, en 1997.

Les sources d'une catastrophe

Plusieurs raisons logiques et pathologiques expliquent ce phénomène sans lequel il est impossible de comprendre notre problème d'aujourd'hui. Sur le plan logique, l'État s'est construit par la conquête. À la différence de l'Angleterre qui vit au XIe siècle un corps expéditionnaire normand prendre possession d'un territoire entier, bien obligé à négocier constamment avec les autochtones pour s'installer, la France s'est forgée à coups d'épée par agrégations successives. Peut-être ce modèle est-il à l'origine de l'inspiration des légistes royaux qui dès le XVIe siècle, tel Jean Bodin, ont théorisé l'État administratif, c'est-à-dire un mode de gouvernement qui privilégie les décisions *a priori* et non pas les décisions *a posteriori* à partir d'un problème et d'un juge[2]. C'est ce qui nous distingue des pays de *common law*. Les différences se repèrent encore aujourd'hui de manière caricaturale. Ainsi les Français ont-ils des codes votés par le Parlement et des jurisprudences produites par les tribunaux qui les appliquent. Mais les Américains, par exemple, en sont dans certains

1. Blandine Kriegel, *Les Chemins de l'État*, Paris, Calmann-Lévy, 1986.
2. Voir *ibid.*

États à codifier les jurisprudences, c'est-à-dire à faire en quelque sorte le mouvement inverse. Dans la monarchie au XVIe siècle, le choix se dirige vers le gouvernement par la voie administrative, alors qu'à la même époque en Angleterre le rôle du juge est déjà plus important. De l'autre côté de la Manche, il crée de la norme alors qu'en France il explique et applique la loi. On dira plus tard qu'il n'est que « la bouche » de la loi. Ce mode de gouvernement se double d'une pathologie maintenant tellement connue que seule son évocation suffit : la vénalité des charges. En 1604, Charles Paulet invente une taxe annuelle sur les offices (la Paulette !) qui transforme les charges des parlementaires en marchandise cessible, négociable, non susceptible d'être reprise par le roi. Les « officiers » possèdent donc un morceau d'État et vont être de plus en plus enclins à gérer ce bien comme un patrimoine personnel et familial plutôt que dans l'intérêt public. Alors que le monarque s'était appuyé sur eux pour restaurer l'État naissant à la sortie de la guerre de Cent Ans puis des guerres de religion, il se détourne d'eux dès lors qu'il s'aperçoit des divergences d'intérêt. D'un côté, une caste qui défend ses privilèges entretient un imaginaire d'État constitué d'un empilage de corporatismes divers et variés sur lequel se trouve planté une sorte d'oriflamme royale sans grand pouvoir. De l'autre, des rois qui continuent à accélérer le mouvement centripète initié au XIIIe siècle par Philippe Auguste. Dès le début du XVIIe, Richelieu multiplie les « commissaires » que Henri IV avait créés pour surveiller les gouverneurs. Colbert, en septembre 1663, adresse à tous ses intendants de justice, police et finances une grande instruction leur organisant un statut uniforme. Il signe par là même l'acte de naissance de l'État administratif que nous connaissons encore aujourd'hui. Les parlements vont continuer à se battre pendant tout le XVIIe et le XVIIIe siècle contre le monarque au cours de diverses « frondes » qui, comme dans un feuilleton, viennent relayer celle des « grands » mis au pas. Ainsi, Anne d'Autriche supprime les intendants sous la pression des cours.

Mais Mazarin les rétablit. Louis XIV interdit en 1667 le droit de remontrance, mais le régent capitule en échange de l'annulation par le parlement du testament de son oncle. Le 3 mars 1766, Louis XV tonne lors de la célèbre séance dite « de la flagellation » : « La magistrature ne forme point un corps ni un ordre séparé des trois ordres du royaume. » Complètement excédé, le roi met en œuvre la réforme Maupeou dénonçant la « confédération de résistance des parlements et leurs prétentions à s'ériger en véritable pouvoir législatif ». Le 23 janvier 1771, le parlement est remplacé par une commission composée de membres du « Conseil d'État privé finances et direction [1] » et, le 23 février, Louis XV transforme l'organisation judiciaire. La vénalité des charges est abolie, le territoire du parlement de Paris est divisé en sept ressorts, les épices [2] supprimées, ainsi que le droit de remontrance. Toutes les provinces subissent le même sort, selon un système qui sera finalement celui adopté sous le Consulat et mis en œuvre par… le secrétaire de Maupeou, Charles François Lebrun, l'un des trois consuls. Cependant la réaction triomphe brièvement trois ans plus tard quand le faible Louis XVI rétablit les parlements dans toutes leurs prérogatives, dix-neuf ans avant que sa tête ne tombe dans le panier du bourreau et seize ans avant que les révolutionnaires, par les lois des 16 et 24 août 1790, n'enterrent le régime parlementaire : « Les fonctions judiciaires sont et demeureront toujours séparées des fonctions administratives. Les juges ne pourront, à peine de forfaiture, troubler de quelque manière que ce soit les opérations des corps administratifs ni citer devant eux les administrateurs à raison de leur fonction. » Au mois de novembre

1. Le « Conseil d'État privé finances et direction » ou « Conseil d'État privé », ou encore « Conseil des parties », était sous l'Ancien Régime la partie de la *curia regis* faisant office de juge de cassation et de juge contrôleur de l'administration et des juridictions.

2. Sous l'Ancien Régime, les *épices* étaient les honoraires des juges, un peu comme, aujourd'hui, ceux des arbitres privés.

1790, le maire de Paris, à la tête de la troupe mandatée par le président de l'Assemblée constituante, gravit les marches du Palais de justice de Paris pour aller y placer symboliquement les scellés. Tout le système judiciaire de l'Ancien Régime est détruit. Les parlementaires s'exilent sur leurs terres ou en Amérique. L'ordre des avocats se saborde. *Le Père Duchesne* exulte et préfigure dans des raccourcis populaires le long cri de haine du peuple contre le système ancien : « Ils foutent enfin le camp, ces sacrés coquins de juges. Non d'un foutre, les voilà rasés ! » Il faut dire que les derniers feux des parlements n'étaient guère destinés à recueillir la faveur populaire : opposition à la suppression de la torture qui ne sera abolie par Louis XVI qu'en 1788. Martyre à Paris du tout jeune chevalier de La Barre pour cause de blasphème. Condamnation à Toulouse du malheureux Calas pour le meurtre de son fils alors qu'il en est innocent. Hostilité à la liberté de commerce et de l'industrie et aux idées nouvelles des physiocrates. Torpillage de la réforme du budget. L'énergie accumulée depuis le XIIIe siècle pour façonner une France centralisée, débarrassée de tout parasitage des forces centrifuges, trouve son accomplissement en 1790 avec l'engloutissement d'une monarchie dépassée par le mouvement qu'elle avait déclenché et la destruction d'une magistrature qui fut son premier soutien et son dernier assassin.

L'accomplissement d'un massacre

Cette catastrophe n'est pas accidentelle. Elle se fonde aussi sur l'accomplissement de toute une pratique politique théorisée par certains légistes du roi et qui trouve dans la Révolution une occasion d'expansion extrême. Dans le schéma révolutionnaire, le juge n'existe pratiquement pas. Ce n'est pas un pouvoir mais un simple logicien effectuant à partir de la loi un « syllogisme judiciaire ». Bref, c'est une « bouche de la loi ».

Écoutons Robespierre à l'Assemblée lors de la séance du 18 novembre 1790 : « Ce mot de "jurisprudence" doit être effacé de notre langue. Dans un État qui a une constitution, une législation, la jurisprudence n'est pas autre chose que la loi. Si la loi peut être interprétée, augmentée ou appliquée au gré d'une volonté particulière, l'homme n'est plus sous la sauvegarde de la loi mais sous la puissance de celui qui l'interprète ou qui l'augmente. » Contrairement aux idées fausses, Montesquieu n'envisage la séparation du pouvoir judiciaire qu'en tant que symétrie quasi décorative car, selon lui, « des trois puissances dont nous avons parlé, celle des juges est en quelque façon nulle. Il n'en reste que deux [1] ». Cette phrase se retrouve en écho dans les discours politiques d'aujourd'hui, qualifiés de « jacobins [2] ».

L'élection des juges n'est vécue par les constituants qu'en tant que modalité technique destinée à éviter le cauchemar de l'appropriation des charges. Après une tentative de greffe d'un système de jury importé d'Angleterre, quinze ans de droit dit intermédiaire montrent l'incapacité française à s'adapter à ce qui n'est pas seulement techniquement mais culturellement différent. La réorganisation napoléonienne se forge à partir du Consulat. Et, le 20 août 1810, la magistrature moderne apparaît nommée par le pouvoir exécutif, entièrement dans ses mains, corps unique composé de magistrats du Siège et du Parquet, cheval de Troie du gouvernement organisé sur un mode quasi militaire. Napoléon place le pouvoir judiciaire à l'endroit que la logique institutionnelle française lui avait dessiné après plusieurs accidents de parcours, puis silencieusement réservé depuis cent ans, juste à côté du vrai pouvoir, sans même l'illusion du pouvoir.

1. *L'Esprit des lois*, livre XI, chapitre 6. Cf. Michel Troper, thèse sur *La Séparation des pouvoirs*, Paris, LGDS, 1980.

2. Comme par exemple dans le remarquable discours de Philippe Séguin aux Journées de la justice de Versailles, en mai 1997 : « Il faut dire, redire haut et fort, qu'il n'existe pas dans notre pays de pouvoir judiciaire. »

Le rappel historique est indispensable car la France d'aujourd'hui dépend encore de ce moulage des pratiques politiques, de cet étalonnage des valeurs administratives et de ce repérage des citoyens dans un monde où domine le politique au détriment du judiciaire. Et ce d'autant plus que les deux siècles qui suivent aggravent encore un peu le phénomène. Souvenons-nous que la France connaît entre 1789 et 1958 treize régimes politiques différents, dont dix majeurs, qui se sont schématiquement succédé tous les dix à quinze ans. Dans un cadre territorial stable, les Français constituent un corps instable qui s'essaye à toutes les combinaisons possibles d'organisation de ses forces. Un tel contexte ne favorise guère l'arbitrage juridique. Les conflits sont politiques. Ils se règlent par la force exercée par une faction sur l'autre. Qui paye les pots cassés ? Qui est chargé de vidanger les opposants ? Qui se comporte par la force des choses comme l'exécuteur des basses œuvres et reçoit de la façon la plus visible hochets, prébendes et disgrâces ? La magistrature naturellement ! Sur une base théorique qui depuis deux siècles la dévalorise, sur le fond de catastrophe historique qui vient d'être évoqué, voici un corps exsangue, caporalisé par le pouvoir politique, usant ses restes de substance. Le récit du martyre de la magistrature est tragi-comique. Tragique parce que le catalogue des moyens de mise au pas exercé par le pouvoir sur les juges laisse encore des traces indélébiles. À commencer par la prestation de serment au maréchal Pétain en 1941 [1]. Cette pratique n'a pas été inventée par Vichy mais par la monarchie de Juillet. Il est vrai que, plus chatouilleux que leurs successeurs, 153 magistrats démissionnèrent plutôt que de prêter serment à Louis-Philippe tandis qu'un seul, le président Didier, préféra l'opprobre et l'internement à

1. Pierre-Henri Teitgen, garde des Sceaux du général de Gaulle à la Libération, affirmait que les magistrats résistants avaient reçu instruction de Londres de prêter serment (entretien avec l'auteur, décembre 1986).

Pétain[1]. Outre ce moyen, le pouvoir politique changeant utilise la suppression provisoire de l'inamovibilité, les mises à la retraite anticipées, les injections de nouveaux magistrats pour changer la majorité des cours et tribunaux... aussitôt retirés lors de l'arrivée du régime suivant et guidés vers des cadres d'extinction mouroirs. Parfois le pouvoir crée des juridictions d'exception dans lesquelles il « mouille » les magistrats du Parquet, comme dans les commissions mixtes créées par Napoléon III qui, en vingt-cinq jours, prononceront 14 118 condamnations contre les opposants à l'Empire, dont 239 déportations à Cayenne et 9 530 vers l'Algérie. Où est donc le comique dans cette aventure ? Il vient de la transformation des juges en girouettes. Ainsi la Cour de cassation et la cour d'appel de Paris explosent en vivats à chaque changement de régime... Propres à donner le tournis au moment des Cent-Jours, lorsqu'il fallut à ces augustes juridictions applaudir successivement l'arrivée de Louis XVIII, le retour de l'Empereur et la restauration du souverain. Ces ballets occupant tout le XIXe siècle évoquent irrésistiblement les farces de Labiche ou, mieux encore, celles de Courteline qui caricature cette période dans ses pièces, et notamment dans *Un client sérieux*. Me Barbemolle plaide en correctionnelle pour Lagoupille qui a fait un esclandre dans un café : « J'ai pénétré plus d'une fois les méandres de l'âme humaine. À cette heure (l'avocat fixe des yeux la partie civile) j'ai touché du doigt les marécages. Je n'abuserai pas de vos instants. Nul plus que moi n'en connaît le prix ; puis j'ai hâte de frapper le caillou d'où va jaillir l'étincelle. » Plongé dans le *Journal officiel*, le substitut interrompt tout à coup l'avocat : « Décret présidentiel, Me Barbemolle, avocat au barreau de Paris, est nommé substitut du procureur de la République

1. Il est à noter qu'on parle toujours de la prestation du serment des juges de l'ordre judiciaire, mais jamais de celle du Conseil d'État, qui ne connut aucun dissident, hormis Eugène Blondeau qui refusa de siéger le 19 août 1941 à la séance collective de prestation de serment ; toutefois, après avoir obtenu des « apaisements », il se résigna à faire comme les autres le 21 novembre 1941.

en remplacement de M. De Saint-Paul Mépié, révoqué ! » Et Barbemolle monte vers le bureau du procureur et requiert aussitôt contre son ancien client. « Après la plaidoirie si éloquente et persuasive que vous venez d'entendre, je ne saurai m'illusionner sur la difficulté de la tâche qui m'incombe »[1].

L'imaginaire français du juge et de l'avocat se fige dans ce genre de scènes et dans les caricatures comparables d'Honoré Daumier. Nous n'en sommes pas encore sortis. Lorsque Pierre Laval regarde son juge, le président Montgibeaux, et le procureur général Mornet qui requiert contre lui à la Haute Cour, tous deux ayant prêté serment au maréchal Pétain quatre ans plus tôt, il a présentes à l'esprit, comme la plupart des journalistes, ces images caractéristiques et cette culture du mépris. Mépris pour ces gens que l'histoire a ballottés depuis 1789, qui donnent l'impression d'être des laquais s'écriant tel Sganarelle à la mort de son maître : « mes gages, mes gages ! », et se précipitant souvent pour être embauchés par les nouveaux puissants du jour[2]. Trace indélébile conservée dans l'esprit d'un François Mitterrand, par exemple, qui se gausse des offres de service de magistrats engagés à droite et volontaires pour changer de bord afin d'être du côté du manche.

La République et l'agonie

La IIIe République ne devait guère mieux se comporter que les précédents régimes. Son bilan final se traduit par un renou-

1. Courteline, de son vrai nom Georges Moinaux, né en 1858, était le fils d'un chroniqueur humoriste de *La Gazette des tribunaux*, ce qui lui a procuré une culture judiciaire approfondie sur cette période critique de la magistrature du XIXe siècle.

2. Le président de la cour qui le juge interroge le général factieux Mallet, auteur d'une tentative de coup d'État contre Napoléon en 1812 : « Avez-vous des complices ? » Réponse du général : « La France, et vous-même, Monsieur le président, si j'avais réussi. »

vellement complet de la magistrature. La plus grande partie de ceux qui ne sont pas remerciés quittent volontairement leur fonction, faute de pouvoir supporter la politique de la République contre les congrégations. Entre 1877 et 1880, déjà, 1763 sur 2418 magistrats étaient partis, soit volontairement, pour des raisons de conscience, soit par contrainte. À cette occasion, l'aristocratie française laisse la place à la bourgeoisie. Il reste que, pour la première fois, la IIIe République marque une pause dans la réflexion, même si son résultat a été celui qui vient d'être décrit. D'abord, si le gouvernement de la Défense nationale décide comme à l'habitude une épuration drastique, Thiers la stoppe net en mars 1871. S'ouvre alors une période de dix ans au cours de laquelle la représentation nationale va réfléchir, débattre, polémiquer, au fur et à mesure qu'elle se républicanise. C'est vers la fin de cette période que Jules Grévy prononce sa phrase : « Il faut supprimer la magistrature. » Boutade qui recouvre en réalité une réflexion plus profonde qu'il n'y paraît. Qui doivent être les juges ? Aujourd'hui, la question revient sur le tapis lorsque le président de la République incite la commission Truche à réfléchir sur la légitimité d'une magistrature ayant recouvré son pouvoir. Les parlementaires se posent la question tellement sérieusement, tellement profondément qu'ils votent en faveur de l'élection des juges par 278 voix contre 208, le 10 juin 1882. Jamais le pays n'a connu une telle effervescence sur la question depuis 1789, cent ans plus tôt. Peut-être cette règle des cent ans intéressera-t-elle les numérologues qui observent les réformes judiciaires. L'espace d'un peu plus d'un siècle sépare les ordonnances de Villers-Cotterêts (1539), de la Grande Ordonnance de Colbert (1670). Cent ans séparent ce monument de sa destruction ainsi que celle de l'édifice judiciaire de l'Ancien Régime. Encore cent ans pour assister au grand débat de la IIIe République et le même temps pour ouvrir ou clôturer celui du jour, initié par Jacques Chirac.

Toujours est-il que les propos échangés au Parlement sur la

fonction des juges, leur origine et leur choix ne manquent pas d'intérêt, même s'ils sont pleins d'arrière-pensées.

Reprenons l'histoire à son début. Le 5 mai 1790, les constituants votent à l'unanimité l'élection des juges pratiquement sans débat. Sauf sur la durée du mandat (six ans) et sur la nomination formelle des élus par le roi qui sera finalement retenue. Ainsi, depuis cette date, l'élection des juges fait partie du patrimoine idéologique de la Révolution. La presse républicaine est fréquemment poursuivie pour en faire l'apologie. Telle *La Jeune France* en 1829. La Société des amis du peuple est dissoute pour cela et se reconstitue en défendant les mêmes idées dans la Société des droits de l'homme[1]. Le thème figure dans les premiers documents théoriques du parti radical. Il est célébré par Michelet, mais laisse indifférente l'opinion publique et se trouve banni des campagnes de banquets républicains jusqu'à ce que la révolution de février remette au goût du jour tous les mythes révolutionnaires, y compris celui-là. Durant le Second Empire, l'Amérique devient à la mode et son système judiciaire aussi, de même que la Suisse, dont la Confédération se parachève et adopte également le système de l'élection des juges. Les « Jeunes-Turcs » du radicalisme renouent avec leurs origines et se font les apôtres du « système américain ». Finalement, dans son programme de Belleville, Gambetta préconise l'élection des fonctionnaires, ce qui suppose celle du juge. Après dix ans de parenthèse, le débat s'installe à l'Assemblée à un moment de grande tension entre la République et la magistrature. Jules Grévy (« Il faut supprimer la magistrature ») compare celle-ci à un tonneau de vinaigre « qui reste imperturbablement vinaigre malgré les bons vins qu'il s'obstinait à y verser[2] ». La tension provient du souvenir des commissions

1. Voir Jean-Pierre Royer, *Histoire de la justice*, Paris, PUF, 2e éd., 1996.

2. Cité par Jean-Pierre Machelon, « L'épuration républicaine, la loi du 30 août 1883 », in *L'Épuration de la magistrature, de la Révolution à la Libération, 150 ans d'histoire judiciaire*, Paris, Loysel, 1994, p. 87-101. Sur le même

mixtes, de l'hostilité des juges aux lois sur les congrégations et de cette vieille haine républicaine du pouvoir judiciaire qui, depuis cent ans, ne s'est toujours pas défaite. Ce qui est au fond du débat et le surdétermine est, comme d'habitude, la question de l'épuration de la magistrature interrompue par Thiers en 1871 et suspendue depuis lors. Clemenceau et ses jeunes loups veulent s'attaquer à l'inamovibilité[1] à la différence de Gambetta et Ferry, qui sont beaucoup plus nuancés et n'envisagent qu'un traitement traditionnel du corps par la purge.

En résumé, la droite craint le pire et cherche à se protéger, les radicaux veulent l'élection pour éradiquer l'inamovibilité, les opportunistes républicains tergiversent.

Mettant en œuvre les recettes de cuisine classiques, propres à tout nouveau pouvoir, le gouvernement Ferry propose en novembre 1880 une réduction des sièges dans les cours et tribunaux. Au cours de la discussion de ce projet jugé insuffisant par la majorité, le 20 novembre, un amendement préconisant la suppression de l'inamovibilité est repoussé. Trois jours plus tard, l'amendement Cazeaux prévoyant l'élection des juges est lui aussi repoussé par 183 voix contre 175. Mais le score de Cazeaux qui appartient à l'extrême gauche montre que les modérés commencent à mordre à l'hameçon. C'est finalement un texte assez dur sur l'inamovibilité qui est voté par l'Assemblée. Il autoriserait le gouvernement pendant un an à éliminer les indésirables et à les remplacer. Le purgatif est refusé par le Sénat. Les élections renforcent le bloc républicain et c'est encore une nouvelle loi d'épuration qui est proposée aux parlementaires sans attaquer de front l'inamovibilité. Finalement,

---

sujet, voir Jacques Poumarède, « Les tribulations d'un principe républicain : l'élection des juges », in *Justice et République*, colloque de Lille, septembre 1992, Paris, Ester, coll. « Espace juridique », 1993, p. 91-101.

1. L'inamovibilié est un principe de base de l'indépendance de la magistrature. Elle signifie qu'une fois nommé le juge, même s'il déplaît, ne peut quitter ses fonctions que s'il le veut bien.

coup de théâtre : le 10 juin 1882, au terme d'un débat houleux et sur proposition des radicaux, le principe de l'élection est voté tout autant que la suppression de l'inamovibilité. Le vote est le résultat d'une forte volonté majoritaire d'en finir avec la magistrature ancienne. Les radicaux triomphent tandis que les bonapartistes et la droite voient dans ce vote un répit et un petit espoir de faire échapper à l'exécutif les nominations… puisqu'il y aura des élections. Pendant sept mois, une commission présidée par Charles Lepère travaille à la mise en œuvre d'un projet grandiose. Son rapport[1] constitue le plus remarquable travail sur l'organisation judiciaire depuis la Révolution et la grande loi du 16 août 1790. Il prévoit l'élection des juges pour six ans, par un collège de délégués, eux-mêmes élus au suffrage universel, au niveau du canton pour les juges de paix et de l'arrondissement pour les autres. Les tribunaux élisent leurs président et vice-présidents. Les cours d'appel sont supprimées au profit d'un appel circulaire de tribunal à tribunal. Le tribunal de cassation est élu pour neuf ans renouvelables par un collège composé du Sénat et de la Chambre des députés. Les magistrats élisent leurs premiers présidents et présidents de chambre. Presque un retour à la Révolution. Las ! Ce monument sombre corps et biens le 27 janvier 1883, lors du débat de l'Assemblée qui le repousse par 274 voix contre 224. « C'est un suicide ! » s'écrie le député Eugène de Lattre. Il s'agissait plutôt d'un retour au réel. L'espoir qui avait rallié une partie de la droite au vote en faveur de l'élection des juges en juin 1882 semble se concrétiser avec la rumeur d'un possible succès au suffrage des juges royalistes dans vingt départements. Les républicains agitent le spectre d'un coup de force réactionnaire. Des campagnes de presse combattent l'« américanophilie » de certains parlementaires avec le même succès qu'aujourd'hui. La lecture des débats montre que ce retournement spectaculaire trouve son origine

1. Documents parlementaires, Chambre, 1882, réf. 50, annexe 1409, p. 2576.

dans cette « grande peur » française jacobine, très brillamment exprimée par Waldeck-Rousseau. Il brandira tout au long de son beau discours le spectacle du démembrement national, de la confiscation de la justice par des « hommes d'affaires », de l'atteinte à la volonté générale et à l'égalité, pour terminer par cet aveu qui structure toute la pensée politique sur le sujet du XIXe et, à beaucoup d'égards, du XXe siècle en France : « Ce que vous aller reconstituer sous prétexte de faire œuvre révolutionnaire, ce sont les provinces, et nous pouvons ajouter : ce que vous allez restituer sous couleur de la réforme judiciaire, ce sont les parlements[1] ! » L'affaire est entendue, et Jules Roche, proche de Clemenceau et auparavant ardent défenseur de l'élection, s'écrie : « Messieurs, il y a six mois j'ai voté le principe de l'élection des juges. Je viens aujourd'hui, après de longues et consciencieuses réflexions, le combattre de toute mon énergie ! »

Résultat, la République se satisfera finalement, le 30 août 1883, d'une loi d'épuration brutale : 614 suppressions de postes dont 611 magistrats du Siège. Suppression de l'inamovibilité, élimination de tous les magistrats ayant siégé dans les commissions mixtes. Jules Ferry aura l'audace de prétendre, avec une hypocrisie politique tenace fondée sur un mépris d'acier pour ce malheureux corps : « Et la suspension de l'inamovibilité, où la voyez-vous[2] ? » Outre l'obligation de réserve, les magistrats sont tenus à une obligation de loyauté qui leur sera resservie en 1941. Cette même loi du 30 août crée un Conseil supérieur de la magistrature qui finira par devenir la feuille de vigne destinée à cacher la mauvaise conscience du politique dans sa relation d'autorité avec le judiciaire. Mais ce Conseil pour l'heure n'est constitué que de la Cour de cassation, simple organe de discipline… saisi exclusivement par le garde des Sceaux.

Cette occasion, très agitée mais manquée, de redéfinir de saines relations entre le politique et le judiciaire donna lieu à

1. Débats parlementaires, Chambre, 26 janvier 1883, p. 141.
2. Débats parlementaires, Sénat, 28 juillet 1883, p. 1117.

une discussion publique de haute qualité, tristement meilleure que les malheureux débats parlementaires des cinquante dernières années. On entendra Clemenceau rendre hommage à son collègue Jules Roche et le remercier de l'avoir combattu :

« Je lui dois d'avoir examiné quatre jours durant, le crayon à la main, l'histoire de la Révolution, d'avoir pénétré les fonctionnements de l'institution judiciaire, d'avoir affermi mes convictions [...]. Vous avez dit que l'élection des juges a perdu la Révolution. Je vous réponds avec Michelet : ce qui a perdu la Révolution, c'est la dictature judiciaire [...]. Ce qui a perdu la Révolution c'est l'empiétement de l'exécutif sur le judiciaire. Je devrais dire l'absorption du judiciaire par le pouvoir politique. [...] Je sais bien qu'il y a un préjugé dans cette Chambre : on préfère en général des fonctionnaires républicains nommés par le pouvoir à des fonctionnaires plus ou moins républicains nommés par les électeurs ! [...] Les procès avec des juges dans la main des gouvernements sont un moyen d'action politique, un détestable moyen qui se retourne contre ceux qui l'emploient. [...] Voulez-vous que les gouvernants se passent les juges asservis comme ils se transmettent les fonctionnaires ? Avez-vous la prétention d'avoir organisé la démocratie quand vous aurez fait cette belle œuvre ? [...] Ou voulons-nous, comme on a fait en 1789, fonder sur les ruines de l'ancien régime un régime nouveau, un régime établi sur le droit, sur la liberté et sur la justice ?

« [...] L'élection des juges est une réforme modérée, relativement au jury civil qui doit nécessairement la compléter pour que la réforme soit entièrement démocratique.

« [...] Écoutez-nous ! Revenez avec nous à la source de notre droit moderne, à la Révolution française : fondons tous ensemble le nouveau régime, le régime du droit ! [...] L'organisation du pouvoir judiciaire est la clé de voûte de tout le système démocratique. Il n'y a pas de droit, pas de liberté si le peuple ne délègue pas le juge comme il délègue le législateur. Sa volonté est trahie, s'il ne délègue pas le juge. Sa volonté consignée dans la loi reste à l'état de lettre morte et ses droits peuvent être impunément violés [...]. On a mené bien des luttes pour obtenir que le peuple nommât ses députés. Nous combattrons aussi longtemps qu'il sera nécessaire pour lui assurer le droit de nommer ses juges [1]. »

L'Hémicycle n'aura plus jamais l'occasion d'entendre un débat d'une aussi grande force, passionnant à lire dans son intégralité pour mesurer l'étiolement de la pensée politique sur le judiciaire. Les portes de l'histoire parlementaire française se sont pour l'instant refermées sur ces paroles. Les errements d'aujourd'hui, les impasses théoriques et les graves inconvénients que la justice connaît sont directement liés à ce choix républicain de l'épuration, complétée par la reprise en main de la magistrature dominée par un pouvoir exécutif, aussi obstiné que les autres à ne pas comprendre qu'à étouffer la magistrature comme il le faisait il s'étoufferait lui-même cent ans plus tard. À quatre reprises, en 1886, 1887, 1904, 1905, des parlementaires remettent sur le tapis la question de l'élection sans grande conviction, mais avec souvent des arrière-pensées de droite. Il en va ainsi du dernier projet de réforme présenté par Michelin, également auteur quelques années plus tôt [2] d'une proposition de loi xénophobe allant jusqu'à interdire les emplois civils et militaires aux naturalisés et aux descendants d'étrangers jusqu'à la quatrième génération et proscrivant les mariages de Français « importants » avec les étrangers définis de la même façon [3].

1. Débats parlementaires, Chambre, Clemenceau, 24 janvier 1883, p. 114-122.

2. Annexe 1130, session 1895, p. 27.

3. Proposition de loi présentée par MM. Michelin, Argeliès, Cluseret, Paulin-Méry, députés, ayant pour objet : 1) de déclarer inéligibles et incapables de remplir les emplois civils et militaires les étrangers naturalisés français et les descendants d'étrangers jusqu'à la quatrième génération ; 2) d'interdire aux dirigeants de l'État, aux officiers de l'armée de terre et de mer et à certains fonctionnaires de contracter mariage avec des étrangers, même naturalisés, et des descendants d'étrangers jusqu'à la quatrième génération.

Les convulsions *post mortem*

Ce texte fou, prémonitoire, illustre combien les idées racistes étaient en l'air depuis de nombreuses années quand la capitulation, l'occupation et la collaboration vinrent avilir la France et donner le coup de grâce à une magistrature que la IIIe République venait encore une fois de malaxer. Le Barreau ne se comportera guère mieux que les juges sur le plan institutionnel. Il faudra attendre 1997 pour qu'il exprime ses regrets et sa honte [1]. 150 magistrats sont révoqués pour leur qualité de juges libéraux ou francs-maçons. La magistrature ne s'est pas comportée plus mal que la haute fonction publique française en général. 10 % du corps, soit à l'époque 217 d'entre eux, sont décorés, internés ou médaillés de la Résistance. Mais un peu plus encore ont suffisamment collaboré pour être épurés à la Libération. Tous les chefs de cour sont révoqués, et la plupart des chefs des tribunaux, soit 260 suspensions. 403 fonctionnaires du ministère de la Justice sont déférés à la commission d'épuration. 40 % des magistrats épurés seront réintégrés par la loi d'amnistie du 3 janvier 1951. La blessure est terrible. Courteline et Daumier dans leurs caricatures historiques ne font plus rire. Les personnages des sections spéciales, qui à Lyon finirent par juger en cagoule, percent et détruisent le symbole de la justice. Certains aujourd'hui s'attachent à la comptabilité des décisions de ces juridictions odieuses pour montrer qu'elles n'étaient pas plus

1. Cf. le livre de Robert Badinter, *Un antisémitisme ordinaire, Vichy et les avocats juifs, 1940-1944*, Paris, Fayard, 1997. Et la délibération de l'ordre des avocats de Paris en date du 13 mai 1997 : « L'ouvrage qu'il [Robert Badinter] a publié montre que l'ordre des avocats à la cour d'appel de Paris, contrairement aux principes fondamentaux qui sont l'essence de sa mission, ne s'est pas refusé à appliquer les actes dits lois de 1940 et 1941 qui ont conduit à exclure du Barreau des avocats juifs et des avocats d'origine étrangère. Le Conseil de l'ordre, conscient de ses responsabilités au regard de l'histoire du Barreau, s'incline devant la souffrance de ceux qui en ont été les victimes. »

sévères que les autres. Effort vain et puéril d'explication ou d'excuses qui se situent sur un plan de réalité, certes à prendre en considération, mais qui n'affectent pas l'atteinte imaginaire et symbolique catastrophique à la justice. C'est dire le mépris et l'abandon dans lesquels se retrouve le corps après la guerre. Jean Foyer disait : « Les magistrats n'ont fait que suivre les contrecoups des malheurs de la patrie. » Certes, mais ils les ont suivis en troisième classe, dans le dernier wagon de la République et en loques.

Pourtant le calice n'est pas encore bu. Voici les guerres coloniales. L'extension de la compétence des tribunaux militaires du 7 avril 1959 afin de faire juger les fellaghas par le Haut Tribunal militaire ; du 27 avril 1961 pour faire juger d'abord les grands (ceux du Putsch) par le Tribunal militaire spécial ; puis du 3 mars 1961 pour les « petits ». Pour diriger « cela », un magistrat de la Cour de cassation vient prêter assistance symbolique à une œuvre juridictionnelle que le pouvoir politique estime la magistrature ordinaire inapte à accomplir. Fâché de voir que le Haut Tribunal militaire ne condamne pas Salan à mort, le général de Gaulle crée une Cour militaire spéciale composée uniquement de militaires mais avec quand même un avocat général près de la Cour de cassation qui lui prêtera son concours avant que le Conseil d'État, par son arrêt du 19 octobre 1962, ne vienne détruire cet édifice baroque. C'est de ces œuvres sombres que naîtra la Cour de sûreté de l'État destinée à rendre extraordinaire ce qui ne l'est pas, au motif de la nature de l'infraction : militaire, espionnage, terrorisme. Il faudra attendre 1981 pour que ce petit monstre disparaisse au profit d'une cour d'assises spéciale composée uniquement de magistrats. Pendant cette période de la guerre d'Algérie et jusqu'à sa fin, le 19 mars 1962, l'appareil judiciaire ne donne toujours pas de signes aux Français d'une capacité à penser et agir de lui-même. Dernier chapitre sanglant, rappelons nous la nuit du 17 octobre 1961 et l'affrontement entre 7 000 policiers, deux compagnies de CRS et trois escadrons de gendarmes mobiles avec 30 000 Algériens. Une nuit qui fit, d'après les sources de l'Institut médico-légal, environ 200 morts et 400 disparus. Sept informations sont ouvertes après la découverte de soixante cadavres. Vingt et une plaintes sont reçues par le Parquet et dix-neuf par le doyen des juges. Rien n'aboutira. Seule une femme ayant crié « assassins » du haut d'une fenêtre sera condamnée début 1966 pour injure à la force publique.

Jusqu'à la dernière minute de cet avant-1968, la magistrature et l'appareil judiciaire sont assimilés à l'appareil d'État sans en constituer un élément de contrôle. Malgré quelques efforts éclatants mais isolés, les juges ressemblent à des clones du pouvoir politique et administratif. Voici moins de trente ans seulement s'épuise une histoire de plusieurs siècles. Malgré les premiers efforts de la IVe République, la situation de la magistrature reste misérable, même matériellement. 1958 sera la date charnière. Revalorisation de la carrière judiciaire, nouvelle carte judiciaire, création de l'École nationale de la magistrature sous le vocable modeste de Centre national d'études judiciaires. Les jeunes gens qui pénètrent à Bordeaux dans les années soixante, aujourd'hui à la veille de la retraite, ne savent pas encore qu'ils vivront l'une des explosions les plus originales qui touche la société française depuis des siècles : l'explosion judiciaire.

CHAPITRE IV

L'EXPLOSION

(De la renaissance à l'adolescence)

Que s'est-il passé en l'espace de trente ans ? Soudainement, les juges se mettent à parler en maîtres, à signer des pétitions, à tancer le pouvoir politique par la voix de leurs syndicats, à perquisitionner au siège des partis, condamner d'anciens ministres à la prison, incarcérer des capitaines d'industrie célèbres, menacer les préfets et les hauts fonctionnaires et tout l'*establishment* économique, administratif et financier ?

Une mutation qualitative brutale

La réponse n'est pas à chercher du côté de l'anecdotique. Mais plutôt de celui d'une sorte de chimie de la société décrite par Hegel de la manière suivante : « Les mutations quantitatives progressives aboutissent à des mutations qualitatives brutales. » Il faut d'abord décrire la vitrine qui a explosé pour ensuite examiner l'ensemble de la construction et de ses fondations. Dans les années soixante-dix, la France est un État sous-développé juridiquement. Les juges sortent de deux siècles d'enfer, mais – « à bon chat, bon rat » – l'ensemble des professions juridiques et judiciaires ne valent guère mieux. Elles constituent une mosaïque d'impuissance. À côté des avocats coexistent les agréés qui plaident devant les tribunaux de commerce, les conseils juridiques, à l'époque non réglementés, les avoués devant le tribunal et la cour qui représentent les parties dans les écritures, les huissiers, les avocats au Conseil d'État et les notaires, propriétaires de leur charge comme sous l'Ancien Régime. La profession de juriste d'entreprise est quasiment inconnue. Les lois de 1966 et 1967 viennent juste de créer un droit des sociétés obligeant les entreprises à observer un minimum de règles comptables, ce qui entraîne par la force des choses l'utilisation... d'un expert-comptable, sorte d'homme à tout faire des PME. L'appareil administratif ignore les règles de droit privé et la profession de juriste, sauf s'il s'agit du droit administratif. Les cabinets ministériels sont peuplés de techniciens et de fonctionnaires. Les cadres dirigeants du pays sont des ingénieurs, polytechniciens, centraliens, ou des fonctionnaires issus de l'ENA qui passent des cabinets ministériels à la direction des banques et des entreprises publiques et privées. La société fonctionne très bien ainsi, avec dix fois moins de juristes qu'aux États-Unis et trois à quatre fois moins qu'en Allemagne ou en Grande-Bretagne. Le rôle d'« huile dans le moteur » est joué chez nous, depuis trois siècles, par les fonctionnaires, et chez d'autres par les juristes. La France donne dans ses derniers feux gaulliens l'image d'une société pyramidale dirigée par le pouvoir politique, lui-même gouvernant par une administration centrale déployée sur le terrain avec ses services extérieurs aux mains des préfets tenant par le col les sous-préfets qui, eux-mêmes, prennent les maires par le bras. Image d'Épinal aux couleurs naïves montrant tout ce petit monde réuni au son de la *Marseillaise* devant les monuments aux morts les 11 novembre. Cette France-là n'a guère besoin de juges et d'avocats. Pour quoi faire quand on n'est pas fâché ? Ironie de la situation, c'est au moment où la France manifeste son plus grand retard dans l'utilisation du droit qu'elle devient la première place juridique d'Europe avec Londres... Par le nombre d'avocats étrangers installés dans la capitale grâce à une complète liberté d'établissement, dans le domaine du conseil juridique délaissé par les avocats crispés sur les clés de leurs palais de justice poussiéreux. Les plus anciens cabinets d'avocats d'affaires en France sont américains (Coudert frères, 1869, Cleary Gottlieb, 1949). Il faudra attendre 1990 pour que, sous la pression de la concurrence, les professions juridiques françaises entament leur révolution[1].

Dans cette société française-là, qui va se préoccuper de savoir si la collecte des fonds électoraux est conforme à la loi ? Qui donc imaginerait un instant que le droit des sociétés interdit vraiment aux sociétés commerciales de financer des activités qui ne sont pas prévues par l'objet social ? Qui sait même ce qu'est l'infraction d'abus de bien social ? Avec une parfaite innocence de pensée, des hommes honorables vont pendant des dizaines d'années commettre périodiquement des infractions pénales qui, par définition, ne peuvent pas exister dans leur esprit puisque « c'est pour la bonne cause ». Michel Rocard dira même un soir à la télévision, en 1991, que le général de Gaulle avait également financé ainsi ses campagnes politiques. Ces pratiques continuent, se répandent comme une sorte de gaz apparemment inoffensif jusqu'au moment où « quelque chose » va se passer qui provoque l'explosion et l'embrasement de tout le monde politique. L'événement lui-même mérite attention, non seulement parce qu'il est spectaculaire, « dans la vitrine », mais aussi parce qu'il oblige à réfléchir sur des causes qui le dépassent. Qui a jeté l'allumette ? Ou quel mécanisme infernal s'est mis en marche ?

Les explications individuelles sont sans importance. Thierry Jean-Pierre en lui-même ne présente d'intérêt dans ses œuvres que dans la mesure où il a été l'instrument d'un phénomène de société. L'idée d'un « complot des juges » est purement fantasmatique et empêche de réfléchir. Pourquoi un complot aujourd'hui et non pas hier plutôt que demain ? Quels commanditaires

1. Par la fusion des professions d'avocat et de conseil juridique, la création de sociétés commerciales d'exercice libéral, l'autorisation d'un minimum de publicité et la définition d'un périmètre de droit réservé aux professionnels diplômés et assurés (loi du 31 décembre 1990).

à cet attentat contre la République ? Billevesées. Bagarres politiques internes à la classe politique ? Sornettes. Tous autant qu'ils sont auraient bien préféré avoir la paix et continuer leurs petites affaires tranquillement. Un virus américain contaminant l'Hexagone aurait-il asservi les Français à des pratiques juridiques toxicomaniaques ? C'est tout au plus un sketch ! Pierre Truche donne une explication mécaniste du problème : « On est passé en quelques années de l'illégal toléré à l'illégal intolérable [...]. Il y a là un ensemble cohérent qui fait que l'on a changé d'époque, même si beaucoup ne s'en sont pas rendu compte [1]. » Mais qu'est-ce qui a changé ? La crise ? L'argent moins facile ? Sans doute, mais ce sont des événements anecdotiques.

Ce qui est en cause, semble-t-il, est plus profond et complexe. C'est toute la société française qui accouche dans la douleur d'un nouveau mode de régulation et de nouvelles disciplines de vie en commun. La société a changé par le haut et par le bas. À la base, les Français n'acceptent plus de fonctionner au sifflet administratif. Leur culture s'est transformée au contact d'autres mœurs et selon l'évolution de leur propre maturité. Les entreprises publiques ont désormais des « clients » et non plus des « usagers ». L'État représenté par l'administration fiscale n'a plus automatiquement raison. Il lui faut aussi discuter. Les contribuables ne sont plus terrorisés par l'idée d'« indisposer » une toute-puissante administration. Il en va de même dans les relations des citoyens entre eux. Les rapports d'autorité ne se présument plus d'après un schéma social préimprimé. La discussion est plus libre, et l'utilisation du droit devient un moyen de cette liberté qui encourage l'individualisme. La stabilisation du corps politique fait sortir la collectivité française de cet espace de crainte du rapport de force changeant et violent. De ce fait, l'arbitrage juridique se substitue souvent à l'arbitrage

1. *L'Express*, 1er décembre 1994.

politique, ce qui suppose l'existence de juristes et de juges. On ne peut plus, comme jadis, régler un conflit en faisant appel au préfet, ou au ministre, pour qu'il « intervienne ». Dans le même temps, par le haut, l'État traditionnel français se fait dévorer la tête par l'Europe. La moitié de nos dispositions législatives et réglementaires dépendent de la construction européenne qui elle-même se réalise en partie grâce à une juridiction, la cour de Luxembourg, pouvant être saisie par n'importe quel citoyen français et de l'Union européenne. De même, en créant la cour de Strasbourg, les pays du Conseil de l'Europe mettent en place une juridiction supranationale capable de condamner chaque État membre pour un manquement aux principes fondamentaux des droits de l'homme à la demande d'un simple particulier. L'idée de la toute-puissance du politique est battue en brèche. La soumission de la loi au droit, c'est-à-dire du vote du Parlement au contrôle du Conseil constitutionnel, a fait son chemin depuis 1974, date de l'élargissement de la saisine de cette Cour suprême à la française. Plus profondément encore, les Français se rendent bien compte que la marge de manœuvre des politiques est très étroite. Deux septennats de François Mitterrand ont été autant de séances de divan pour l'électorat, qui abandonne la plupart de ses idéaux naïvement exprimés dans le programme commun de la gauche, puis dans des credos reaganiens et thatcheriens sans nuances. Désidéalisation de la politique sans une goutte de sang. Originalité remarquable. Moindre mal sans aucun doute, qui n'évite cependant pas les blessures sourdes et les grosses cicatrices sèches, encore et pour longtemps. Voici par ailleurs les églises désertées ou seulement fréquentées par une population peu nombreuse, crispée sur des rites désuets. L'Église, devant cette grande crise de la foi, a fait le mauvais choix. Au lieu de faire retraite dans les monastères du savoir, de la science et de l'art, elle a tenté de reconquérir les foules en modernisant les sacristies, les autels, le décorum, et en organisant de grands spectacles sans lendemain. Elle glisse sur une pente huilée sans fin, incapable de proposer quoi que ce soit en face d'un appétit de croyances nécessairement constant. La vie quotidienne s'écoule sans que rien ne se présente au citoyen comme images identificatoires fortes. Tout est usé jusqu'à la corde, rien n'offre de sens, mis à part l'appétit qui, satisfait ou frustré, instaure le règne du besoin au détriment du désir. L'Union européenne elle-même bute contre ce mur qui fut au départ un moyen de contourner les passions hostiles à toute unification. Mais le charbon, l'acier, l'atome, la liberté de commerce et même la monnaie unique ne créent pas tout de suite de nouveaux repères et ne donnent pas à eux seuls de la saveur à une société. Bienheureux qui saurait prévoir l'avenir par où jaillira de nouveau le désir, qui ne manquera pas de réapparaître sans prévenir et sans décret, et sans même que quiconque s'en aperçoive.

En revanche, aujourd'hui, tout concourt à valoriser l'image et la réalité du juge et de la justice. D'abord, sur le plan technique, le droit, le juriste et donc *in fine* le juge sont indispensables dès que l'on veut agir économiquement. La méthode du splendide isolationnisme français est révolue. L'internationalisation des marchés juridicise par voie de conséquence toute activité dans l'Hexagone. Ensuite, la figure du juge apparaît comme l'une des dernières de décideur. Sa décision s'impose généralement, au besoin par la force, à la différence du politique qui, de par les circonstances, tergiverse, compromet, revient en arrière, abandonne ou, tout simplement, communique et « fait semblant » de légiférer pour glaner quelques voix. La justice, elle, donne l'illusion de fabriquer du sens.

L'explosion

La destruction en plein vol du Boeing 747 de la TWA en juillet 1996 est un bon exemple du vide qui accompagne aujourd'hui toute une tragédie épouvantable. Les victimes de tous âges, sorte d'échantillon d'humanité, se trouvent brutalement anéanties. La société essaye d'inventer des rites nouveaux sans succès. Les vols de jets militaires américains au-dessus des lieux de l'accident avec ou sans place vide dans le cockpit ne produisent pas grand effet. Une terrible photo publiée par *Le Journal du dimanche* du 20 juillet 1996 montre une jeune femme sur la plage de Long Island jetant une fleur à la mer. D'autres proches de victimes construisent des châteaux de sable protégeant quelques roses qui résistent un instant à la marée. Le refuge pour cette angoisse est généralement la justice et, dans cette circonstance, un juge d'instruction français est saisi par les proches des victimes françaises qui se consolent par une forte agressivité collective. Tous les accidents d'avion depuis dix ans se traduisent par des procédures pénales, de même que les accidents de train, de construction, de circulation. Le juge civil donne de l'argent. Mais le juge pénal, lui, redonne provisoirement un sens à la tragédie en plaçant en exergue une faute qui permet de réintroduire le mal là où, le plus généralement, ne se distinguent que des défaillances techniques ou des erreurs humaines. Bien souvent, les affaires d'homicide involontaire sont un moyen de mettre en accusation des hommes publics ou des fonctionnaires, au point que le Conseil d'État a été obligé de consacrer en 1996 un rapport particulier à cette question où il fait preuve d'un certain fatalisme.

L'affaire du sang contaminé qui a provoqué la mise en examen de Laurent Fabius manifeste de la manière la plus extrême une confusion entre la responsabilité politique et la responsabilité pénale. Jadis, au XVIIe siècle en Angleterre, la distinction s'était installée. Au lieu de se laisser accuser au pénal et de risquer sa tête, le Premier ministre préférait démissionner, instaurant un système de responsabilité politique devant le Parlement. Aujourd'hui, la responsabilité pénale gagne du terrain sur la responsabilité politique. Le mouvement inverse est en marche et le juge, encouragé par l'opinion publique, se trouve déjà placé dans la perspective d'apprécier l'opportunité de décisions administratives. Demain on verra peut-être un ministre des Transports mis en examen pour ne pas avoir imposé le degré zéro d'alcool dans le sang à tout conducteur de véhicule[1] ; ou un général mis en examen pour avoir raté une offensive. Ce type d'initiative judiciaire plaît aux victimes. En faisant « monter » la responsabilité, le juge donne plus de sens à la tragédie. Plus la personne mise en cause est « grande », plus la faute prend du relief et plus la victime se sent un instant soulagée. Ce mouvement conduit vers des dispositions mentales que les théologiens doivent connaître et qui seraient la recherche de la « faute de Dieu ». Le fait de vouloir « remonter » toujours plus haut, indépendant du caractère justifié ou non de la démarche sur le plan juridique, a pour effet de tenter de faire prendre en charge la douleur, de la rationaliser par le tout-puissant réel ou supposé. Ce mouvement de société est très chrétien dans ses prémisses puisque la religion ne faisait pas autre chose, sauf à poursuivre le raisonnement jusqu'au bout. Dieu est bon. Son Fils est venu racheter les péchés du monde commis par les hommes. Nous sommes des hommes, donc nous sommes solidaires de leurs péchés. Ma douleur les rachète. Donc ma douleur a un sens. Dans la fuite vers le pénal, Dieu pourrait ne pas être bon, en tout cas ses représentants sont mauvais. Pas de solidarité mais un système très archaïque. La douleur de l'autre rachète ma douleur. Elle me gratifie, à titre narcissique. Moi qui ne suis rien, sauf une victime, je deviens quelque chose grâce à cet état. Si je puis faire condamner un puissant, je deviens moi-même puissant. J'existe par la menace que je constitue, par l'écho rencontré par ma peine dans les médias, par le fait que ma douleur est un bouclier derrière lequel je peux éventuellement dire les plus grandes bêtises sans être inquiété. Bref, ma douleur me fait

1. Un malade du cancer vient de déposer une plainte à la Cour de justice de la République contre un ministre de la Santé, sur le motif qu'il n'avait pas développé une politique suffisante de prévention du cancer du côlon (septembre 1997).

existér davantage. Dans cette logique, la fragilité des hommes politiques est grande car, déjà vulnérabilisés par les vicissitudes de l'activité politique moderne, ils constituent dans la stratégie faible-fort de la victimisation une proie de choix : la meilleure.

Cette compression d'une société de plus en plus juridicisée dans ses pratiques et ses mentalités face à la dépression du politique, qui n'a rien vu venir et qui pensait vivre dans une sorte d'extraterritorialité juridique, devait tôt ou tard provoquer la déflagration qui se manifeste sous nos yeux depuis plus de sept ans. Il n'existe pas de complot, mais une fatalité quasi mécanique ou chimique dont procèdent les événements. Certes, le plaisir inconscient que découvre la magistrature à plonger dans des tourments la classe politique française représente sans aucun doute une part importante de l'énergie qu'elle emploie. Pour la première fois dans l'histoire de France, des juges tiennent la classe politique au bout de leurs fusils procéduraux. La saveur de ce moment inoubliable est partagée par l'ensemble du corps, du plus jeune juge d'instruction au plus ancien éléphant de la Cour de cassation. Parfois certains font preuve de peu de retenue devant la jouissance procurée par cette nouvelle position de maître que leur fait endosser un rôle bientôt trop étroit : celui seulement proposé par la fonction elle-même. Tel fut le destin du juge Jean-Pierre transformé en archétype après quelques années de notoriété judiciaire et devenu à lui seul un produit politique à part sur la scène publique d'extrême droite puis de droite. Plus silencieusement, nombre de juges d'instruction et de parquetiers recherchent leur lot de têtes politiques dont la mise en cause fait partie du standing moderne de la magistrature. Il reste que ces jeux et plaisirs nouveaux du pouvoir judiciaire viennent par surcroît et ne sont pas déterminants du mouvement de fond. De même l'extraterritorialité juridique dont croyaient bénéficier les plus puissants agents économiques semble être bien terminée. L'absence de démocratie d'entreprise a généré des conflits apportés au juge pénal qui, peu à peu, s'est mis au niveau technique suffisant pour les traiter. Par ailleurs, l'insuffisance de l'infrastructure juridique dans les PME, mais également dans les plus grosses sociétés et dans l'administration, a facilité des pratiques contestables, qui ne sont pas toujours explicables seulement par le financement des partis politiques. Dans cette période de transformation, il est difficile voire impossible de disposer brutalement, d'un seul coup, de tout l'équipement technique et des moyens humains nécessaires. L'insuffisance du nombre et du pouvoir des juristes d'entreprise en France est une des raisons de la régulation violente par le droit pénal. De gros progrès sont en cours dans le privé et dans le public, mais encore aujourd'hui il est navrant de voir l'idée que se font du juriste certains responsables des plus hautes institutions publiques du pays. Daumier place encore sa griffe sur le visage de quelques « chefs de contentieux » solitaires, médiocres ou complètement dépassés. Et choisis justement pour cela par des fonctionnaires jacobins, méprisant le droit et ses institutions. Pourtant, les juristes sont là pour faire entrer la norme dans la tête des gens, non pas à coups de crucifixions publiques comme le fait le juge pénal, mais au terme d'un effort de conseil, de persuasion et de guidage vers des solutions licites aux problèmes posés par la vie de l'entreprise et de ses dirigeants. L'insuffisance de l'utilisation du droit et de la régulation spontanée et pacifique grâce au juriste provoque la régulation violente que nous voyons se déployer aujourd'hui sous nos yeux. Comme le droit français est gavé de poudre pénale, afin de lui conférer une autorité que pendant longtemps les juges n'ont pas été à même de lui procurer du fait de leur position subalterne, beaucoup de mises au pilori publiques s'effectuent. Les puissants du jour maudissent les juges, mais ils ne comprennent pas toujours que la cause de leur malheur est liée à un sous-développement français, lui-même né de la manière dont l'État s'est constitué et a prospéré, prenant à un moment une grande avance sur les autres mais souffrant aujourd'hui de caducité.

Une si grande dépendance... à l'égard du passé

Le malheur de la situation judiciaire française ne tient pas seulement au sous-développement juridique de la société, des entreprises, de l'administration et de l'appareil d'État. Par une symétrie qui résulte du caractère cohérent du sous-développement, l'appareil judiciaire lui-même est archaïque, ainsi que le mode de recrutement et de formation de son personnel. Pis encore, les idées d'avant-garde ou prétendument progressistes qui alimentent le débat sur la justice et les lieux communs médiatiques sont elles-mêmes dans un état de dépendance réactionnelle exagérée par rapport au passé.

Parcourons d'abord l'appareil et le personnel. Si l'on découpe la question en quatre tranches : qu'est-ce qu'on juge ? où ? comment ? avec qui ?, les quatre réponses ne sont pas bien toniques.

Qu'est-ce qu'on juge ?

Qu'est-ce qu'on juge ? À vrai dire, personne ne le sait plus très bien. L'État ayant perdu son image d'impartialité, le juge en a hérité. Il est devenu une espèce de joker sur lequel la société se défausse. On place du magistrat un peu partout, comme label de garantie, et l'on s'en sert au pénal comme d'une sorte de poubelle. Indépendamment de la « commissionnite » qui absorbe quelques énergies bien inutilement, est-ce bien au juge de s'occuper du surendettement des ménages, du traitement de la totalité des divorces d'accord, ou même de certains litiges de voisinage voire de copropriété ? Au pénal, faut-il continuer à juger de la même manière les infractions reconnues et celles qui ne le sont pas ? Et pourquoi ne pas introduire sous un simple contrôle du magistrat la pratique de la contractualisation de la peine ? La multiplication des contentieux est-elle raisonnable ou ne conviendrait-il pas de réorienter leur flux vers d'autres moyens de solution et d'autres techniques de traitement, comme les *class action* ou actions de groupe qui permettent à un seul juge de traiter des cas multiples de personnes qui « adhèrent » à une sorte de procédure collective ? Au mois de mai 1996, l'école de droit de l'université de New York réunissait à Florence un colloque international sur la réforme comparée des procédures civiles dans le monde. L'auteur de ces lignes, exposant la situation française, évoquait les 28 000 décisions rendues en 1995 par la Cour de cassation (21 494 au pénal et 6 967 au civil). Le brouhaha fut total et plusieurs praticiens et professeurs anglais et américains demandèrent à ce que ce chiffre fût répété. Et une remarque fusa : « *28 000 decisions a year ! that's no supreme Court !* » (« 28 000 décisions par an, ce ne peut pas être une cour suprême »).

Il est clair que ce problème de la définition de la matière à juger n'est pas réglé en France, grâce ou à cause d'une sorte de courage extravagant mais d'un aveuglement tout autant des politiques que de la magistrature. Celle-ci a réagi devant la pression quantitative de manière à ne pas crouler sous le nombre. Elle y a pratiquement réussi pour l'instant. Mais si un goal au football recevait un ballon à bloquer toutes les deux minutes au lieu de dix ou vingt, il devrait normalement interpeller les joueurs et l'arbitre pour leur demander s'ils font leur boulot. En l'espèce, les politiques n'ont jamais voulu prendre le taureau par les cornes, comme d'ailleurs certains magistrats eux-mêmes, souvent de manière hypocrite. Tout en plaidant la réforme, ils militent parfois pour l'inverse. Le système est diaboliquement solidaire dans toute ses pathologies. Si, par exemple, la Cour de cassation rendait dix fois moins d'arrêts, que faire de ses 198 membres ? La Cour ne pourrait plus jouer son rôle de cimetière des éléphants au terme du cursus du corps. Les résistances au changement sont peut-être plus dures qu'on ne l'imagine.

Où juger ?

Vraie pour la définition des missions du juge, l'observation l'est aussi sur le chapitre de la question « Où juge-t-on ? ».

Aujourd'hui, la France se découpe en 33 cours d'appel, 181 tribunaux de grande instance, 134 tribunaux pour enfants, 111 tribunaux des affaires de sécurité sociale, 473 tribunaux d'instance, 270 conseils de prud'hommes et 227 tribunaux de commerce. Pourquoi ce découpage ? On sait que son dernier état date de 1958, à une époque où la répartition de la population active ne ressemblait en rien à celle d'aujourd'hui. Quinze tribunaux en France rendent moins de 1 000 décisions par an. Trente tribunaux de commerce n'ont pas d'activité. Certains tribunaux d'instance présentent une activité dérisoire, tel celui de Tonnerre qui rend 120 jugements par an et nécessiterait 3 millions de francs de travaux de réfection pour disposer d'un bâtiment décent, ce qui serait une dépense inconsidérée. D'autres tribunaux d'instance sont pléthoriques et auraient bien besoin de ces 3 millions pour mieux fonctionner. La Saône-et-Loire compte vingt et un tribunaux, mais l'Indre-et-Loire, de taille voisine, six. « Le million et demi d'habitants du ressort de la cour d'appel de Caen a cinquante-deux juridictions à son service alors que le même nombre d'habitants du département du Rhône ne dispose que de douze tribunaux sans s'en plaindre. La carte judiciaire française résulte d'une stratification où l'on retrouve davantage le réseau de places fortes médiévales ou les pôles de la première révolution industrielle que les évolutions du XXe siècle avec les besoins du troisième millénaire[1]. »

Jean-François Carrez, auteur d'un rapport au garde des Sceaux sur l'organisation judiciaire en 1994, estime que 600 juridictions suffiraient (deux fois moins) : 30 cours d'appel, un tribunal de grande instance et de commerce et un conseil de prud'hommes par département, et 300 tribunaux d'instance. Le remaillage aurait pour effet de répartir plus judicieusement l'équipement immobilier, de moduler la charge de travail entre

1. Jean-François Carrez, « L'archaïsme de la carte judiciaire », *Le Figaro magazine*, 21 juin 1997.

magistrats, qui varie de un à trois, et de servir le justiciable en facilitant de surcroît la spécialisation dans certaines matières techniques.

S'appuyant sur le rapport des sénateurs Haenel et Arthuis concernant le fonctionnement médiocre de l'appareil judiciaire et partageant une analyse convergente de l'institution, Henri Nallet se lançait courageusement au deuxième semestre 1991 dans une tentative de réforme. Avec son équipe d'« agriculteurs », ainsi appelés parce qu'ils ont fait du bon travail au ministère du même nom, Henri Nallet constate que les juridictions sont inaptes à « sortir » des projets d'équipement, à la fois par manque de capacité technique et par l'atomisation des moyens sur le terrain. Essayant de créer une départementalisation « en douceur », il choisit la voie de l'équipement, d'autant plus urgente que depuis 1987, par un mouvement inverse du reste de l'administration, la justice a récupéré la gestion de la totalité de son patrimoine immobilier, jusqu'alors à la charge des collectivités locales. Henri Nallet choisit quinze départements pour mener l'expérience des schémas départementaux d'équipement. Jusque-là, pas de difficultés. En mai 1991, il prépare une étape supplémentaire : la désignation du tribunal qui aura la charge de la gestion administrative et une expérimentation dans dix départements pilotes. Alors là, échec et bronca ! Les présidents de cour d'appel sont contre la réforme qui « contenait pour eux la perte d'un pouvoir qu'ils n'exerçaient pas[1] » faute d'organisation territoriale logique. Les présidents de tribunal sont contre dès lors qu'ils ne se voient pas eux-mêmes présidents du tribunal « gestionnaire ». Les greffiers sont furieux de voir que la gestion des tribunaux ne leur est pas confiée. Les barreaux s'enflamment à l'idée de ne pas être dans le « barreau départemental », créent des « comités de défense » et appellent à la mobilisation générale des élus et des autorités judiciaires sous la houlette du

1. Henri Nallet, *Tempête sur la justice*, Paris, Plon, 1992, p. 200-210.

président de la conférence des bâtonniers, le pittoresque Bedel de Buzaringue. Quant aux syndicats de magistrats, tous trois s'organisent avec des raisons diverses pour boycotter le projet et notamment la « journée » consacrée à son explication sous forme de télécommunications avec la Chancellerie et le tribunal de Niort choisi comme tribunal test. Les uns voyaient dans cette rationalisation la caporalisation socialiste de la justice sous la botte des préfets (APM), le centre s'abstenait devant quelque chose qui lui échappait (USM) et la gauche (SM) prit un peu de l'attitude des deux autres. Comme l'écrit Henri Nallet dans son livre : « Je m'interroge encore sur la combinaison qui pourrait permettre d'ouvrir ce coffre-fort de rhumatismes. »

On le voit, toucher à la carte judiciaire revient à se jeter la tête la première dans une fosse à moustiques. Le mot de la fin pourrait être donné par ce dialogue extraordinaire entre un président de tribunal et le ministre qui lui faisait valoir l'irrationalité de l'autonomie absolue de la gestion de chaque tribunal de grande instance. « Nous tirons notre force et notre indépendance de notre pauvreté et de notre spécificité. Ne touchez à rien de ce qui s'est bâti contre tous les pouvoirs[1] ! » Personne n'a mieux exprimé que ce magistrat cette dépendance vis-à-vis du passé.

Comment juger ?

Mais cette dépendance se retrouve partout et là encore dans la réponse à cette question du « Comment juge-t-on ? » qui concerne à la fois les moyens de procédure et les moyens matériels. Pourquoi cette orientation systématique des affaires notoires vers le pénal ? Tout ce qui concerne la demande du public a déjà été analysé précédemment. Mais personne ne pense que ce mouvement vers la « pénalisation » est largement encouragé par le choix des révolutionnaires, le 16 août 1790, de ne pas introduire le jury dans les affaires civiles. Le système anglo-saxon étouffe

1. *Ibid.*, p. 210.

sous le poids des jurys aux États-Unis et sous les séquelles de la procédure d'une lourdeur exagérée qu'il entraîne en Angleterre. Mais l'absence totale du jury civil en France et la professionnalisation des juges siégeant en collégialité, sorte de jury croupion, entraîne une procédure totalement écrite, clôturée par un exercice devenu souvent désuet : la plaidoirie. Notre système garde la tête hors de l'eau grâce à cette procédure civile qui, contrairement aux idées reçues, permet à la justice française d'être une des moins chères et des plus rapides du monde. Cependant, l'intérêt spectaculaire de l'exercice de la justice civile est quasiment nul. Pas de témoins, pas de débat comme devant une cour d'assises ou devant un tribunal correctionnel. Les affaires les plus complexes ne durent que quelques heures à peine. Le justiciable traumatisé par son dossier ou en quête de sens dans son drame humain ne reçoit aucune consolation par le débat de la justice civile, qui est sèche comme une procédure écrite. L'existence du jury suppose une procédure orale qui subsiste largement, y compris lorsque le jury lui-même a disparu des affaires civiles, comme en Angleterre. Il ne s'agit aucunement de dire en faisant cette observation que la panacée serait de créer un jury en France pour les affaires civiles, ainsi que le réclamait Clemenceau à l'Assemblée nationale en janvier 1883. Il est seulement question de réfléchir sur les conséquences d'un choix effectué voici deux cents ans, jamais remis en cause, dont on oublie jusqu'à l'existence et ignore les conséquences. Le traitement serait pourtant facile si l'on trouvait les moyens, dans certains cas où le besoin s'en fait sentir, de « déplier » le débat judiciaire civil afin de le rendre plus attrayant.

Cette extraordinaire dépendance vis-à-vis du passé se rencontre d'une manière encore plus criante dans la procédure pénale, qui reste marquée par la culture de l'Inquisition. Depuis la première minute jusqu'à la dernière, le suspect est une sorte d'objet qui n'a pas droit à d'autre parole que celle qui l'accuse et que l'institution essaye de lui arracher. Le tête-à-tête du policier et du gardé à vue sans avocat a pour but de faire avouer le patient. Seuls la Belgique, le Luxembourg et le canton de Genève connaissent cette procédure désuète. Ensuite le juge d'instruction se sert de la détention comme moyen de force pour obtenir lui aussi les déclarations qu'il souhaite. Enfin, le président à l'audience parle à la place de l'accusé qui se voit quasiment raconter sa vie par un juge. Parfois cela tient de l'exploit. Par exemple, un homme d'aventures comparaissait devant une chambre correctionnelle voici quelques années. Il s'entendit résumer ses épais mémoires de 800 pages par le président du tribunal. Cet homme vivant dans la grande histoire et la petite en était réduit à dire « oui, non, pas tout à fait » et à corriger ce récit de sa vie proposé par un autre. La tradition pénale semble s'être communiquée de génération en génération entre juges. Les parlements hostiles à l'abolition de la torture évoquaient déjà l'argument du « désarmement de l'État », celui-là même repris par la Cour de cassation en 1897, lorsque l'Assemblée nationale après dix-huit ans de débats autorisa enfin l'avocat à avoir accès au dossier d'instruction et à son client. Ce qui fut condamné par cette juridiction suprême hostile à tout progrès des droits de la défense. Et même les mots employés pour critiquer cette avancée de la procédure contradictoire sont exactement ceux utilisés en 1993, cent ans plus tard, par les juges pour critiquer l'introduction de l'avocat en garde à vue au bout de la vingtième heure. Les juges d'instruction « déplorent que ce texte conduise à un traitement inégal des délinquants en fonction de leur situation de fortune », communique le 13 janvier 1993 l'assemblée générale des magistrats dijonnais, reprenant un thème syndical national. Cette rhétorique égalitaire démagogique semble faire partie de la culture judiciaire au sottisier d'un conservatisme forcené. Ainsi, puisque les riches peuvent se payer des avocats compétents et que les pauvres ne le peuvent pas, mieux vaudrait se passer d'avocats. De même, si les brutalités de procédure et les atteintes à la présomption d'innocence touchent désormais les puissants, c'est bien fait ! Il est légitime de martyriser les « gros » puisqu'on martyrise déjà les « petits ». La représentation nationale s'épuise depuis cinquante ans à réformer cette procédure et s'y est reprise à quatre fois sans succès depuis 1985. Lorsque, en 1990, la commission Delmas-Marty lance dans toutes les juridictions du territoire une grande consultation sur son projet de réforme de l'instruction, elle reçoit en retour une volée de bois vert. Une majorité écrasante de cours et tribunaux rejette tout changement de fond et pousse un long chant d'amour pour le système inquisitoire. Selon la réponse des magistrats, le modèle français de l'instruction pénale serait « irremplaçable [1] ». Toute greffe d'une autre logique est rejetée. La suppression du juge d'instruction renforcerait les inégalités sociales. La légitimité de l'égalité des armes entre accusation et défense est condamnée. L'idée de pouvoir « plaider coupable » est torpillée [2]. La présence de l'avocat en garde à vue refusée. L'inclusion du principe de respect de la dignité humaine dans le Code est bannie. La majorité des juridictions se prononcent en faveur du maintien du cumul par le juge d'instruction des fonctions d'investigation et de mise en détention. Enfin, les avocats, défendant des « intérêts personnels », ne peuvent pas être mis sur le même plan que l'accusation. Ce document rassemble en une sorte de catalogue effrayant les positions majoritaires d'une magistrature qui manifestement se complaît à conserver un système inéquitable, symbole refuge d'un pouvoir d'autant plus précieux qu'il lui serait dénié ailleurs.

Comment « nourrir » sans danger un tel corps et un tel appareil, si conservateurs et violents ? Dans la faiblesse du budget

1. Commission justice pénale et droits de l'homme, *La Mise en état des affaires pénales*, Paris, documents FSE, 1991, consultation des juridictions.

2. La « plaidoirie coupable » est un moyen de distinguer deux catégories d'affaires pour les traiter différemment. D'un côté, les affaires dans lesquelles la question de la culpabilité se pose et qui exigent un circuit long. De l'autre, celles dans lesquelles seules les circonstances atténuantes sont en cause : un circuit court suffit.

de la Justice, qui détermine aussi très largement le « comment » de l'acte de justice, entre peut-être une double méfiance du politique. Méfiance traditionnelle dont l'analyse historique est déjà faite, méfiance spécifique envers ce monde à part, tout attaché à ces bruits de chaînes qui tintinnabulent et à cette odeur de cachot. La dangerosité de la magistrature, perçue par les politiques et dépendant si fortement du passé, n'incite pas le pouvoir à se montrer généreux avec « ces gens-là ». La pauvreté du budget est un moyen de tenir en lisière une population inquiétante qui par réaction se crispe encore davantage sur ses instruments violents. Comme toujours, le sous-développement en alimente un autre et le conservatisme tourne en rond.

Qui juge ?

Il en va de même sur le chapitre du recrutement et de la formation. Deux cents ans de malaxage et d'asservissement du corps de la magistrature ont fait accueillir avec soulagement la création d'une école de la magistrature à laquelle on accède par concours. Les juges sont les derniers à accéder au standing de la « grande école », les premiers ayant été les ingénieurs des Ponts en 1747. L'attachement à ce mode de formation est quasi viscéral et se vit par le corps comme une conquête historique. Pourtant le cursus scolaire n'est peut-être pas le meilleur ou bien le seul moyen de sélection des juges. Comme l'exprimait avec candeur Béatrice Patrie, ancien président du Syndicat de la magistrature parlant à deux journalistes du *Monde* :

« Ce qui m'effraye aujourd'hui, c'est le jeune qui arrive à l'ENM issu d'une classe moyenne avec une licence en droit. Moi, quoi !

– Vous vous effrayez ?

– Non ! (rires)[1]. »

1. Citée in *Les juges parlent* de Laurent Greisalmer et Daniel Schneiderman, Paris, Fayard, 1992.

L'idée que les juges puissent être choisis au terme d'une carrière où leur reconnaissance sociale a déjà pu s'opérer a bien été comprise par quelques gouvernements de gauche et de droite. Après les efforts d'Henri Nallet, Pierre Méhaignerie a introduit des possibilités de recrutement extérieur même au niveau des cours d'appel. Sans grand succès. Il a tenté d'instaurer un système de juges de paix « laïcs », comme il en existe en Angleterre, qui fonctionne à 94 % avec des juges non professionnels. Résultat limité et mitigé à cause de l'hostilité d'une magistrature qui voit dans ces initiatives un moyen de porter atteinte à l'intégrité du corps. Les pratiques des commissions d'avancement restent très hostiles à toute intégration extérieure, notamment d'avocats, et propres à décourager tout candidat sérieux[1]. Si bien que, loin de constituer l'aboutissement d'une carrière de juriste, la magistrature reste souvent (malgré de rares exceptions) un refuge pour professionnels en difficulté. Tenter de promouvoir l'idée de recrutement des professionnels ayant quinze ou vingt ans d'expérience de la vie et le désir d'une autre carrière stimule aussitôt des réactions anti-anglo-saxonnes. Il suffit dans les milieux judiciaires de se voir reprocher d'encourager des pratiques américaines et anglaises pour que la pensée française se ferme comme un rideau de fer de magasin. Pourtant, les trois quarts des démocraties recrutent leurs juges en pensant qu'il est préférable d'attirer dans cette carrière des hommes et des femmes mûrs plutôt que des jeunes gens. Aucune démocratie, sauf en Afrique, ne connaît d'école de la magistrature, pas même l'Allemagne qui connaît pourtant un système scolaire de choix particulièrement élitiste et long. Nos voisins hollandais ont trouvé un intelligent compromis (50-50) entre le cursus scolaire et le cursus d'expérience permettant un amalgame des âges fort intéressant. Mais là encore l'École de la magistrature

1. Il en va ainsi de l'obligation de quitter d'abord le métier d'avocat sans être pour autant certain d'être intégré dans la magistrature.

fait partie d'une sorte d'avantage acquis de la justice, à force symbolique. Vouloir y toucher, même pour soutenir qu'un jeune homme de 25 ans ou une jeune femme de 23 ans n'est peut-être pas à sa place comme juge d'instruction ou juge pour enfants, est considéré par les syndicats de magistrats unanimes comme une atteinte intolérable à l'autorité judiciaire. On finit par ne plus parler de la vérité des problèmes de justice, mais par naviguer entre les idées reçues produites par la réaction contre deux siècles d'abaissement. La France judiciaire semble considérer qu'après avoir boité de la jambe droite pendant si longtemps la seule manière de bien marcher serait désormais de boiter de la jambe gauche.

L'adolescence, ou la dictature des lieux communs

Cette apologie de la claudication tient lieu de pensée en matière de justice. Des lieux communs parfois contradictoires exercent leur dictature sur l'opinion. Ils témoignent de ce que la place du juge n'a toujours pas été trouvée en France. Par exemple, il suffit qu'une décision de justice heurte l'opinion pour qu'aussitôt la vieille culture jacobine traditionnelle reprenne le dessus. L'exemple vient d'en être donné par la décision de la cour de Lyon qui, dans l'affaire dite « de la scientologie », s'est montrée plus indulgente que le tribunal. Ce n'est pas ce que souhaitait l'opinion publique exprimée par les médias. Mais surtout, les juges de Lyon ont eu l'audace dans leur arrêt du 28 juillet 1997 de rappeler le principe de la liberté de croyance prévu par l'article 10 de la *Déclaration des droits de l'homme*, la Constitution de 1958, la loi de 1905, la Convention européenne des droits de l'homme et le pacte international relatif aux droits civils et politiques. Après ce rappel des textes, la cour a reconnu que l'Église de scientologie « pouvait revendiquer le titre de religion ». Elle s'est donc attachée uniquement au dévoiement de cette croyance et à son utilisation à des fins financières ou commerciales. Que n'a-t-on pas entendu ! « Ce n'est pas aux juges de dire cela » ; « Ce n'est pas de leur compétence » ; « Ils n'ont pas le droit de définir une religion, c'est au ministre de l'Intérieur, au législateur ! »

Reconnaissons l'extrême maladresse, inutile et provocatrice, de l'existence et de la rédaction de ces quelque quatre lignes d'un arrêt de quarante pages par ailleurs bien motivé. Mais la critique violente et unanime, médiatique et politique, qui en est faite montre bien l'absence complète de culture française, et la tendance à ne reconnaître de pouvoir au juge que pour rendre les décisions qui plaisent. Or sa fonction est généralement l'inverse. Juger ne consiste pas à entériner ce que pense une opinion publique majoritaire, mais à appliquer des textes ou des principes à une situation donnée. En France, en réalité, selon les causes, on dénie au juge même cette capacité. Le seul décideur est le Parlement. Chaque grande tension, inquiétude, angoisse collective devant les questions de société génère un appel à combler un « vide législatif ». Même lorsqu'il s'agit de régler le port d'un fichu sur la tête par des écolières musulmanes, des voix se font entendre fortement pour « régler le problème par voix législative [1] ». Dès qu'une décision ne plaît pas, la question de la légitimité et de la responsabilité des juges vient sur le tapis. Mais, parallèlement, tout un imaginaire inverse se développe à l'égard du « petit » juge indépendant. *Poor lonesome cowboy* défendant les « petits » face aux puissances de la politique et de l'argent. Caricature symétrique et dépendante de celle d'un juge idiot ou absent. De même, toute l'idéologie ambiante favorise la coupure du « cordon ombilical » entre le pouvoir judiciaire et le pouvoir politique sans faire le détail entre les juges du Siège déjà indé-

1. Et après l'accident mortel de Lady Diana, des parlementaires peu au fait de l'arsenal anti-*paparazzi* existant veulent déposer de nouveaux projets de loi sans penser que le juge a déjà ce qu'il faut à sa disposition. Celui-ci est pour eux un absent.

pendants et ceux du Parquet. Et sans expliquer comment mettre en œuvre une politique pénale démocratique avec une armée mexicaine de procureurs n'en faisant qu'à leur tête. D'un côté, la France produit des juges qui devraient vivre dans une asepsie politique complète après être sortis intacts de leur famille et de leur école pour entrer dans un tribunal. De l'autre, on leur reproche de ne pas être légitimes et on leur demande de quoi ils se mêlent lorsqu'ils touchent à certains tabous. D'un côté on tolère qu'ils se construisent en caste fermée, moulée dans une école où « tout est juge », sans rapport avec le monde extérieur pour ne pas être influencés, de l'autre on critique leur ignorance des réalités et l'on se gausse de leur maladresse. D'un côté on applaudit à leur montée en puissance, de l'autre on s'en méfie comme de la peste en chevauchant les peurs archaïques qui datent de l'Ancien Régime. La réflexion française manque encore complètement de maturité, dépendante qu'elle demeure de réactions à des pathologies passées. Mais réagir n'est pas penser. Le problème de fond qui n'est pas posé reste celui du réglage adéquat des rapports entre le juge et le politique. La question est d'abord théorique. Qu'est-ce que le pouvoir judiciaire ? La réponse est ambiguë et cette ambiguïté est difficilement supportable pour une culture qui découvre la justice. Lorsque le pouvoir politique se crée, généralement après des meurtres fondateurs et de grandes tragédies, il a besoin d'assurer l'ordre public, ce qui consiste généralement à interdire que les violences qui l'ont conduit au commandement se reproduisent. Pour y parvenir, il lui faut des juges sûrs, qu'il désigne pour accomplir un travail que lui-même ne peut effectuer. La crédibilité du juge qui va garantir la paix civile passe par l'indépendance. Trop peu d'indépendance laisse apparaître le juge pour ce qu'il est : un clone du pouvoir, et sa fonction ne peut être assurée. Au contraire, une indépendance paranoïaque génère un conflit que le pouvoir fondateur ne peut supporter parce qu'il menace l'État.

Il s'agit là de ce qui est habituellement appelé le « gouvernement des juges » qui fait référence dans l'histoire moderne à cette période de quatre ans, de 1932 à 1936, pendant laquelle Roosevelt vit déchirer toute sa législation économique et sociale par la Cour suprême. Le règlement du conflit fut très simple. Après sa réélection, le président envoya un émissaire expliquer très prosaïquement à la Cour suprême que la Constitution ne prévoyait pas le nombre de juges dans cette haute juridiction et qu'en cas de persistance dans l'erreur il modifierait ce nombre. Le résultat fut immédiat. Deux juges changèrent d'avis et un troisième mourut opportunément. En France, nous n'avons connu de gouvernement des juges qu'avec la fin des parlements, au XVIIIe siècle. Toute notre histoire depuis est une pathologie inverse. Le réglage adéquat des rapports du juge et du politique s'est fait aux États-Unis par l'affirmation très claire d'une dépendance dans l'origine du pouvoir judiciaire par rapport au politique et, symétriquement, par une affirmation de la plus grande indépendance dans le fonctionnement juridictionnel. Mis à part l'épisode Roosevelt en 1932-1936, le système semble fonctionner sans accroc majeur avec ses qualités et ses défauts. Sur le plan fédéral, le président et le Sénat choisissent les juges parmi les avocats réputés ayant au moins quinze ans de pratique. Dans les États, les juges sont soit élus soit nommés par les gouverneurs. Ce dernier mode de désignation se développe de plus en plus pour éviter les inconvénients bien connus que sont la corruption et la démagogie.

En Angleterre, les juges professionnels forment une toute petite minorité (5 %). L'ensemble du territoire est irrigué par des *magistrates*, personnalités locales faisant fonction de juges. Tous les juges, à tous les niveaux, sont nommés par la reine et en fait choisis par le Lord Chancellor, et pour la juridiction supérieure parmi les avocats ayant au moins dix ans d'expérience.

En Allemagne, au terme d'un cursus scolaire particulièrement éprouvant et long (six ans dont deux de stage), les jeunes juges sont nommés par les ministres de la Justice des *Länder*. Au niveau fédéral, des commissions procédant aux nominations sont composées de ministres des *Länder* et d'élus du Bundestag. Quant aux juges constitutionnels, ils sont élus moitié par les membres du Bundestag et moitié par le Bundesrat à la majorité des deux tiers. En réalité, ce sont les deux grands partis qui décident après négociation. À Luxembourg, les juges de la cour de l'Union européenne sont choisis directement par les gouvernements nationaux. Quant aux juges de Strasbourg siégeant à la Cour européenne de sauvegarde des droits de l'homme, ils sont nommés par les institutions politiques du Conseil de l'Europe.

Il apparaît donc clairement que les juges les plus puissants du monde, s'agissant du chapitre de leur nomination, ne font aucun complexe à être choisis directement par le pouvoir politique. Il apparaît au contraire que ce lien est une condition nécessaire à leur autorité.

À l'inverse, en France, notre culture réactive à l'égard du dévoiement des relations entre le politique et le judiciaire entraîne vers une singulière névrose : le complexe d'Adam. Le juge parfait, comme le premier homme, serait nécessairement dépourvu de nombril, donc de cordon ombilical. Les soupçons longtemps et encore récemment entretenus à l'égard des pressions politiques sur le judiciaire suscitent une véritable phobie pathologique du pouvoir politique, comme si le dévoiement d'une relation était arrivé au point de la rendre intrinsèquement mauvaise. Un peu comme si l'inceste, parce qu'il peut exister, rendait mauvaise toute relation entre parents et enfants. Or, précisément, si le réglage français de la distance entre les juges et le politique a été déséquilibré pendant deux siècles, la solution du jour, celle d'un éloignement total des deux pouvoirs, ne peut conduire qu'à leur ruine réciproque, chacun se réfugiant dans sa forteresse exactement comme le firent jadis, d'un côté, les parlements dans leurs palais de justice et, de l'autre, le monarque dans son palais de Versailles. L'illusion française s'appelle le Conseil supérieur de la magistrature. Par la voie de cette institution, il serait possible de gommer ou de cacher toute origine politique aux nominations des juges. Sa dernière réforme visait à parachever cet escamotage. Il en est résulté que le pouvoir des nominations appartient désormais à la principale organisation syndicale des magistrats, l'Union syndicale des magistrats (USM). Naturellement, cette structure soulève l'hostilité des deux autres syndicats qui ne voient de bonne réforme que celle qui les conduirait à partager le pouvoir. Au lieu d'affirmer clairement que la fonction judiciaire a notamment pour objet de gérer des antagonismes et des contradictions, en particulier entre le politique et la justice, l'idéologie réactive dominante consiste soit à dénier tout pouvoir aux juges en se référant à la tradition républicaine, soit à les détacher de tout lien avec le politique, quitte à ne leur trouver de légitimité que corporatiste et les priver ainsi de toute autorité... juste au moment où, l'État s'étant transformé, l'exigence d'une justice plus forte se manifeste. Tous ces lieux communs se retrouvent et portent le débat aux limites de l'absurde lorsqu'il s'agit de réforme du Parquet, objet principal de la mission de réflexion sur la justice présidée par Pierre Truche.

CHAPITRE V

Le rapport Truche

(Cris et chuchotements)

Le journal *Libération* titrait au mois de juillet 1997 sans faire la distinction entre les magistrats du Siège et ceux du Parquet : « Les juges demandent leur liberté provisoire ». Dans sa conférence de presse du 12 décembre 1996, Jacques Chirac évoque l'« indépendance des juges » sans précision. Puis, dans sa déclaration télévisée du 20 janvier, il charge la commission Truche « d'examiner si l'indépendance de l'autorité judiciaire ne pourrait être accrue en modifiant voire en supprimant le lien hiérarchique qui relie actuellement le ministère public au garde des Sceaux, et le cas échéant quelles conséquences pourraient en découler. »

La carpe et le lapin

Ainsi apparaît-il très nettement, et dans la presse et dans la bouche même du président, que délibérément ou par lapsus la confusion est entretenue entre procureur et juge. Cette confusion est d'ailleurs légale puisque le Conseil constitutionnel et la loi ont reconnu l'unité du corps judiciaire[1]. Ceci veut dire que les magistrats du Parquet peuvent passer indifféremment du

1. Arrêt du Conseil constitutionnel, 11 avril 1993, in *Revue constitutionnelle*. Réforme constitutionnelle du 27 juillet 1993.

Siège au Parquet pendant toute leur carrière et qu'en conséquence, puisqu'un membre du Parquet est un juge, il a vocation à être indépendant. Depuis cinquante ans, les gardes des sceaux se sont cassé les dents à expliquer le système français dans les termes suivants : « Il y a deux catégories de juges : ceux du Parquet qui reçoivent des instructions, ceux du Siège qui sont indépendants. Les uns requièrent : ils sont les avocats de la société, donc ils reçoivent des ordres de leur éminent client. Les autres rendent des jugements et personne ne peut intervenir auprès d'eux. » Le bon sens populaire comprend aisément qu'on se moque du monde. Avec un simplisme difficile à contredire, les gens pensent que, si les « uns » reçoivent des instructions et les « autres » pas, mais que tous font partie du même corps et naviguent indifféremment d'une fonction à l'autre, personne n'est indépendant. Cette division est donc illisible. Aussi n'est-il pas étonnant que 82 % des Français estiment en 1997 que la justice est soumise au pouvoir politique[1]. Or cette anomalie française partagée dans le monde avec seulement l'Italie trouve sa source dans la spécificité hexagonale qui, depuis deux cents ans, a relégué la justice à une place subalterne au sein de la nation.

C'est Napoléon qui a créé le ministère public que nous connaissons avec la loi de 1804 instituant les procureurs impériaux, puis, en 1810, les procureurs et avocats généraux dans les cours d'appel. Dans la loi du 7 pluviôse an IX, le système révolutionnaire de l'accusateur public élu et du commissaire nommé est abandonné[2] au profit, selon Thiessé, membre du tribunat, d'un ministère public « agence du gouvernement[3] ». Or cet

1. Enquête RTL/*Le Monde*, janvier 1997.

2. Il est intéressant de constater que cette division révolutionnaire du ministère public entre accusateur public et commissaire se retrouve sous d'autres formes dans des idées promues aujourd'hui par certains magistrats érudits, tels Gilles Accomando. Voir « Pour un nouveau ministère public », *Justice*, septembre 1997, et « Procureur de la République et procureur de la nation », *Libération*, 21 novembre 1994.

3. Voir Jean-Pierre Royer, *op. cit.*

agent-là va faire partie du même corps que les juges qui jugent. Il sera le cheval de Troie du gouvernement dans la magistrature.

Justice faible, déconsidérée par l'Ancien Régime, désorganisée par le droit intermédiaire pendant quinze ans. Justice désormais rehaussée par l'éclat d'un corps qui comprend en lui-même des représentants du nouveau pouvoir. Contrairement à ce qui est souvent dit, cette unité du corps de la magistrature n'existait pas sous l'Ancien Régime au sens d'aujourd'hui. Le roi plaidait par avocat et poursuivait par procureur, les uns spécialistes de la parole et les autres de la représentation par écriture. Le terme « procureur » était si peu générique de la magistrature que la fonction fut supprimée en 1791 pour être remplacée par celle d'avoué. Avant le XIVe siècle, le roi choisissait ses représentants, au coup par coup pourrait-on dire. À partir des ordonnances de Blois de 1302, il existe un monopole. Ce n'est pas parce que – sauf pour celles de procureur général du roi – ces fonctions sont devenues des offices cessibles comme celles des parlementaires, et que ces officiers devaient prêter serment au roi, que l'Ancien Régime connaissait un corps unique. Après tout, les officiers étaient aussi les acquéreurs de charges de goûteur de beurre salé ou d'essayeur de perruque. L'évolution des avocats et des procureurs vers la fonction des parlementaires représentait souvent une sorte de promotion sociale, une étape d'un cursus. Rien à voir avec le corps unique d'aujourd'hui. L'anomalie française napoléonienne ne pouvait que générer les graves difficultés que nous connaissons aujourd'hui avec le progrès de la justice, de sa puissance et son besoin de crédibilité. En effet, le cheval de Troie se retourne contre ses auteurs et lui dit : « Je suis un juge, je ne suis point l'agent du gouvernement. » Ce qui faisait l'atout du pouvoir politique dans une situation de justice dominée devient aujourd'hui, dans sa situation dominante, un handicap. Comment donc un gouvernement pourrait-il donner des ordres à des juges ? Comment aujourd'hui des juges pourraient-ils même recevoir des ordres d'une hiérarchie, fût-elle composée de collègues ? La gageure paraît impossible à tenir. Elle n'est d'ailleurs tenue dans presque aucun pays.

Sur quatorze États étudiés par la commission Truche[1], douze ne connaissent pas d'identité entre magistrats du Siège et du Parquet, soit l'Afrique du Sud, l'Allemagne, le Brésil, le Danemark, l'Espagne, les États-Unis, la Norvège, les Pays-Bas, le Portugal, le Royaume-Uni, la Russie, la Suède. Seules la France, l'Italie et, dans une moindre mesure, la Belgique connaissent ce système pathologique d'interchangeabilité entre les fonctions. Il doit bien y avoir une raison à cela. Ces douze pays, auxquels il faut ajouter tous ceux du Commonwealth sans exception, entretiennent des traditions judiciaires différentes. La plupart sont des démocraties accomplies. D'autres s'ouvrent depuis peu aux droits de l'homme. Certains États sont moins développés que d'autres. Pourquoi donc cette différence basique et cette originalité française que le monde ne nous envie pas ? Sans doute faut-il y voir une certaine infirmité française à comprendre que la justice est une œuvre de représentation dans laquelle être et paraître ont une importance comparable. Voici une anecdote pour éclairer le sujet : en 1997, devant le tribunal correctionnel de Nanterre, un avocat s'avance comme partie civile pour représenter un administrateur judiciaire. Le magistrat du Parquet suivant cette affaire n'avait pas souhaité le maintien de cette procédure. Ignorant que l'administrateur plaiderait quand même et serait représenté à l'audience par un avocat, il se fâche tout rouge, déclare qu'il va commander à l'administrateur judiciaire de venir à la barre et sollicite bruyamment la suspension de l'audience. Le tribunal accepte sans broncher, se retire par la même porte que le procureur et s'enferme dans la salle des délibérés. Surpris, l'avocat emprunte quelques minutes après le même chemin, frappe à la porte de la salle où était entré le

1. Rapport Truche, annexe III.

tribunal. Quelle n'est pas sa surprise de constater que le procureur téléphone devant les trois membres du tribunal, qui l'éconduisent alors en lui disant : « Attendez une minute, le procureur téléphone à votre client[1]. » Scandalisé, l'avocat refuse de sortir et déclare que, le Parquet n'étant au procès qu'une partie comme une autre, il ne lui appartient pas de se servir du téléphone du tribunal devant celui-ci pour vérifier son mandat auprès de son client. Incident caricatural et typique. Dans un autre pays, on verrait dans ce genre de scène une familiarité complètement déplacée entre le Parquet et les juges du Siège. Dans le système français, pas de scandale. Le procureur est formé par la même école (l'ENM), et passe indifféremment d'une fonction à l'autre, y compris dans la même juridiction. Il porte le même costume que ses collègues du Siège. Il entre par la même porte et en même temps que les juges. Il est installé sur le même plan qu'eux, 1 mètre à 1,50 m au-dessus des avocats. Il possède la même culture, fréquente le même milieu, travaille dans le même immeuble, et parfois partage la même cantine. Le système français se trouve complètement symbolisé par le président de la commission de réflexion sur la justice. Né en 1929, Pierre Truche fait toute sa carrière au Parquet de Dijon, Arras, Lyon, Douai, Grenoble. Il dirigera l'École nationale de la magistrature, commence sa carrière à Paris comme procureur général de la cour d'appel puis près la Cour de cassation. Pierre Truche n'a jamais rédigé un jugement de sa vie, et pourtant c'est lui qui est aujourd'hui depuis deux ans Premier président de la Cour de cassation. Il est porté par l'unanimité parce que l'homme est d'une qualité si remarquable que tous se sont accordés pour le nommer à ces fonctions suprêmes. Pas une voix ne s'est cependant élevée pour souligner le caractère paradoxal de cette situation très française. 99 % des Français ignorent d'ailleurs cette spécificité, tant il est vrai que ce monde de la magistrature fait bloc

1. Région parisienne, 1997.

et ne représente dans le public qu'une seule image. Mais personne ne comprend non plus le caractère extraordinairement archaïque de cette situation. Le premier pas vers la démocratie judiciaire consiste à distinguer les fonctions de poursuite des fonctions de jugement. Voici cinq cents ans, l'adage « Tout juge est procureur général » traduisait la confusion des genres que le système judiciaire moderne a clarifiée. Mais on pourrait dire en faisant du mauvais esprit qu'en France, effectivement, « tout procureur général est juge » et peut dans l'instant devenir le premier d'entre eux. Il est vrai que cette confusion va plus loin avec la procédure pénale elle-même puisque le juge du Siège est souvent chargé de fonction d'accusation. Qu'est-ce que le juge d'instruction sinon le fin limier qui va débusquer la vérité avec l'aide de son bras armé, la police ? Que sont ces présidents d'assises ou de tribunaux correctionnels qui, appliquant la loi, passent sur le gril les prévenus et les accusés, laissent dire aux observateurs anglo-saxons : « Pourquoi diable y a-t-il deux procureurs en France, celui qui préside et celui sur la même estrade à gauche ? » Le mixage des fonctions d'investigation et des fonctions juridictionnelles est si fortement ancré dans la culture judiciaire française que toute tentative pour y mettre de l'ordre s'est traduite par un échec. Cet amour du corps judiciaire pour son unicité procède de cet archaïsme, sans doute fondé sur le sentiment du refuge d'un pouvoir faible dans une ambiguïté qui lui donnait de l'autorité. Peu importe que cette culture et ces pratiques ruinent aujourd'hui le sentiment d'équité, donc la crédibilité de la justice pénale[1]. La magistrature ne lâchera prise que si on la force, comme ce fut le cas pour chaque progrès de la justice depuis 1788, date de l'abolition de la torture par Louis XVI au terme d'un lit de justice spécialement consacré à imposer cette volonté contraire à celle des parlements. Mais il est bien clair

1. Nous en sommes arrivés en France au point où même les décisions justes paraissent injustes à cause de l'apparente partialité de la justice pénale.

que, si 99 % des pays autres que la France procèdent différemment, et distinguent nettement poursuite et jugement, deux exercices accomplis par deux professionnels bien séparés, c'est aussi parce que les parquets n'ont pas été dans un état de subordination pathologique comme on a pu le voir dans notre pays.

Une maladie remplace une maladie

Pour autant, sur les quatorze pays cités par la commission Truche, tous, sauf l'Italie, connaissent une hiérarchisation rigoureuse du ministère public avec une dépendance directe ou très indirecte envers le ministère de la Justice. L'idée d'un ministère public totalement indépendant dans son origine, sa nomination et son fonctionnement est italienne dans sa pratique et française dans son fantasme. Dans 99 % des pays du monde, la dépendance du Parquet existe, même à l'état de trace, sans être exclusive d'autonomie et de relations distantes avec le politique. Elle explique la raison pour laquelle ces deux carrières sont différentes et la raison pour laquelle les responsables du Parquet ne sont pas des juges. En France, cette tentation fantasmatique de l'indépendance totale des parquets trouve une explication simple : toujours la même. Le pouvoir politique ayant abusé de ses capacités d'influence en paye aujourd'hui le prix par la dictature de ce lieu commun obstétrique (la coupure du cordon ombilical) qui est l'expression la plus imagée du complexe d'Adam [1]. Non seulement, il faudrait que le pouvoir politique se détache de tout intérêt par les nominations des juges du Siège, ce qui n'existe nulle part ailleurs dans le monde. Mais aussi conviendrait-il pour être « politiquement correct » que le Parquet suive le même traitement de carrière que les magistrats du Siège. Deux siècles d'avanies et de sous-développement conditionnent

1. La recherche obsessionnelle d'un homme qui n'aurait pas de nombril.

cette aberration dont voici l'explication. Les citoyens français comprennent assez bien que le gouvernement soit en première ligne responsable de l'ordre public, à commencer par celui qui se voit dans la rue. Le Parlement élu en est également le garant puisque *in fine*, si la paix civile n'est pas assurée, les électeurs choisissent d'autres représentants. À cet égard, les Français ne critiquent pas le fait que le ministre dispose d'un personnel spécialisé dans les poursuites, le Parquet, afin d'orienter la répression. Ce contrôle plus ou moins lâche et occasionnel de l'exécutif s'exerce aussi sur l'ouverture des informations ou la poursuite directe des infractions. Cela s'appelle définition et exécution d'une politique pénale. Ainsi qu'il a été rappelé à plusieurs reprises, jamais un juge, pas plus ici qu'ailleurs, ne se saisit lui-même. Il est saisi. C'est la limite démocratique du pouvoir judiciaire. Celui qui le saisit est le Parquet, qui dépend plus ou moins du gouvernement par l'intermédiaire fréquent d'un personnage tampon qui ressemble à une sorte de chancelier ou d'attorney général. En France, les instructions sont nécessaires pour forcer un parquet à poursuivre alors qu'il n'en verrait pas l'intérêt. Elles peuvent consister aussi à ne pas poursuivre dans des cas exceptionnels où l'intérêt supérieur de l'ordre public peut être – ainsi qu'on le voit *après* les condamnations avec l'amnistie – de s'abstenir d'obtenir une condamnation *avant*. Hypocritement, la loi française évoque seulement l'instruction de poursuivre et non pas celle de ne pas le faire. Mais, dans la pratique, il en est autrement. Il faut savoir par exemple que, lorsque les transporteurs routiers bloquent le pays, ils risquent selon l'utilisation fautive de leur véhicule de deux à trois ans de prison. On peut concevoir qu'il convient dans un tel cas d'envoyer l'armée et ses chars pour jeter dans le fossé les poids lourds qui encombrent la route. Lors de l'avant-dernière grève, le test a été fait sans grand succès avec un seul char. On peut aussi jeter en prison les chauffeurs récalcitrants. Mais la liberté de la circulation sur les autoroutes vaut-elle le risque de quelques morts chez les routiers et les gendarmes qui vont se saisir d'eux pour faire respecter la loi ? Bien que cette situation présente des aspects tragiques, la société préfère encore éviter l'épreuve de force et les morts. Il faut donc bien que les 181 procureurs de la République obéissent au gouvernement ou à son interface et n'initient pas de poursuites. Aussi l'intérêt supérieur de l'ordre public oblige-t-il à ce que l'utilisation de ce rasoir social qu'est la poursuite soit, dans un certain nombre de cas, de la responsabilité partagée du pouvoir politique et non à la disposition de personnes dont la seule légitimité est d'avoir passé à 20 ans un concours devenu très récemment assez difficile. Ce sont les vicissitudes de l'activité judiciaire, ses limites. Parce que les deux cercles de la vertu et du pouvoir ne se recouvrent pas encore spontanément, nous vivrons encore des siècles avec cette déchirure, cette contradiction dont l'activité judiciaire n'est que la gestion quotidienne ingrate, avec l'objectif de rester le plus près possible de l'idéal tout en supportant sans complaisance d'en être parfois trop loin.

Certains États, pour limiter les capacités d'appréciation des représentants des parquets, observent ce qui se nomme la légalité des poursuites. Cela signifie que le procureur, devant le simple constat d'une infraction commise, ne peut avoir d'état d'âme. Il doit agir. C'est le cas de l'Italie, de l'Espagne et de l'Allemagne, seuls dans ce cas sur les quatorze pays analysés par la commission Truche. Il s'avère que le système est de pure façade. L'Allemagne connaît de multiples exceptions à ce caractère obligatoire des poursuites. Quant à l'Italie et à l'Espagne, elles pratiquent avec hypocrisie cette règle dans la mesure où, tout ne pouvant être réglé à la fois, le maniement de la pile de dossiers permet quand même, en l'attente de la prescription, de pratiquer l'opportunité des poursuites. D'ailleurs, pendant cette année 1997, le débat récurrent dans la magistrature italienne à l'occasion des travaux de la commission de révision de la Constitution tourne autour de la nécessité de diviser par deux ou trois le nombre d'infractions prévues au Code pénal afin de permettre de respecter sérieusement cette règle de l'automaticité des poursuites. S'agissant de la France, cette réduction serait sans doute plus importante encore à cause de ce gavage insensé de lois avec des dispositions pénales, tant il est vrai que lors d'un recensement ces dix dernières années aucun département ministériel n'avait été en mesure de faire l'inventaire des textes d'ordre pénal intéressant son activité. De toute manière, cette règle de l'opportunité des poursuites est reconnue même dans des travaux aussi spécialisés que ceux du huitième congrès des Nations unies pour la prévention du crime et le traitement des délinquants[1]. « Conformément à la législation nationale, les magistrats du Parquet examinent avec toute l'attention voulue la possibilité de renoncer aux poursuites judiciaires, d'arrêter la procédure de manière conditionnelle ou inconditionnelle ou de transférer des affaires pénales en dehors du système judiciaire officiel. » Le principe a de nouveau été détaillé et consacré par les travaux de cette même commission cinq ans plus tard[2].

Cette réalité étant prise en compte ne restitue cependant pas tout de la situation française. Albin Chalandon déclarait en quittant la Chancellerie : « Il faudra bien un jour que la fonction de garde des Sceaux ne se résume pas pour la classe politique à cette capacité de sortir d'ennui ses amis et d'y plonger ses ennemis. » C'est que, du fait de la subordination historique de la justice en France, les moyens de l'État destinés à défendre l'intérêt général ont été largement employés à favoriser les intérêts particuliers. Ceci de la manière la plus brutale, avec des moyens très prosaïques. Jadis, les parquetiers non seulement étaient censés obéir, et s'ils n'obéissaient pas étaient « virés », mais, avant même qu'ils ne refusent d'obéir, chaque nouveau régime politique pendant deux cents ans a épuré préventivement pour

1. La Havane, 27 août-7 septembre 1990.
2. Sous certaines conditions est mentionnée l'interruption des poursuites engagées avec l'accord du tribunal (Le Caire, 1993).

être plus tranquille et éviter tout risque. Tout cela laisse des traces. Et lorsque l'explosion précédemment décrite a commencé à produire les « affaires », tous les restes de cette machinerie ont été utilisés pour essayer de favoriser certains feux et en éteindre d'autres. L'explosion de l'affaire Urba procède de cela.

Les gouvernements piégés dans un conflit d'intérêts se trouvent pris dans la situation décrite par le film de Elio Petri, *Enquête sur un citoyen au-dessus de tout soupçon*, où un policier enquête sur un meurtre qu'il a lui-même commis. Le gouvernement de gauche freine ou bloque les investigations et l'ouverture des informations judiciaires sur le financement du parti socialiste. Il génère par là même, après l'amnistie de 1990 bêtement incomplète, un mouvement de révolte du corps judiciaire. Le nouveau gouvernement de droite est contraint au même exercice. Pierre Méhaignerie comprend qu'il n'est plus possible de coincer les informations. Le moteur à explosion médiatico-judiciaire est trop fort. Il prétend ne plus vouloir freiner le cours de la justice et rendre ses interventions « transparentes » en les faisant figurer par écrit au dossier. Il fait donner des instructions écrites pour poursuivre Michel Noir, espérant ainsi calmer les ardeurs judiciaires contre la droite. Peine perdue, les « affaires » continuent. Il lui faut même ouvrir une instruction sur le financement de son propre parti, le CDS, qui conduira au mois de juin 1997 à sa propre mise en examen. Jacques Toubon prétend suivre le même exemple neutraliste. Il supprime dans son cabinet la fonction traditionnelle de conseiller technique chargé de suivre l'action publique. Il affirme haut et fort qu'il ne touchera plus à cet explosif que constitue l'instruction du Parquet mais on l'accuse cependant d'exercer des pressions clandestines. La situation devient si intenable qu'à son arrivée à Matignon, dès son discours de politique générale, Lionel Jospin annonce pratiquement une révision tacite de la Constitution en reconnaissant un droit de veto au Conseil supérieur de la magistrature sur les nominations de magistrats du Parquet. Il annonce renoncer pour le garde des Sceaux à toute instruction individuelle « de nature à dévier le cours de la justice ». Élisabeth Guigou elle-même refuse de mettre en œuvre l'article 36 du Code de procédure pénale qui lui donne le pouvoir de faire ouvrir une information. Lorsque le Parquet général de Paris lui demande son avis pour instruire un aspect nouveau d'une affaire concernant les HLM de Paris qui vise la droite, après lui avoir communiqué son analyse défavorable à l'ouverture d'une nouvelle information, elle renvoie la balle aux magistrats en leur disant : « Débrouillez-vous ! » Ainsi, en moins de dix ans, le problème des relations du Parquet et de la Chancellerie est devenu l'une des questions institutionnelles les plus brûlantes de la Ve République. Lorsque Jacques Chirac explique que « les procureurs n'obéissent pas », il procède à un constat un peu prématuré mais en gros exact. Le venin du dévoiement des relations entre le politique et le judiciaire finit par infecter la nature même de cette relation et cette infection recouvre tout le champ judiciaire si fortement que la seule question obsédante « coupera, coupera pas » revient constamment. Pendant dix ans, aucune réforme sérieuse de la justice n'a pu être menée à cause de cette obsession qui surdétermine toute initiative gouvernementale vers le changement, notamment celui de la procédure pénale. Et personne n'a posé la question de savoir de qui dépendraient les magistrats du Parquet théoriquement complètement indépendants. Des syndicats ? Des groupes de pression ? D'affinités politiques individuelles ? Faut-il, comme en Italie, substituer à une dépendance visible et démocratique une dépendance clandestine et non démocratique[1] ?

1. Sur l'Italie, voir Carlo Guernieri et Patrizia Pederzoli, *La Puissance de juger*, Paris, Michalon, 1996.

Des sages sous un chêne présidentiel

Ainsi, lorsque, créant la commission Truche, Jacques Chirac pose la question de l'indépendance du Parquet, il crève utilement un abcès et le fait intelligemment car il refuse d'isoler cette question, seule manière de sortir du dilemme « coupera, coupera pas ». L'indépendance du Parquet entraîne une question corollaire : quelle responsabilité et quelle légitimité pour cette magistrature désormais non seulement unique dans son corps mais si puissante dans son rapport à l'État ? Et puisqu'on en est à travailler les « fondamentaux », la commission est également chargée de trouver le moyen de mieux faire respecter la présomption d'innocence, non seulement dans les médias, mais également par les procédures. Choisir d'abord une commission plutôt que le Parlement pour débattre relevait d'une bonne analyse. La faiblesse des parlementaires sur les questions de justice faisant partie du schéma culturel français aurait conduit comme d'habitude l'Assemblée nationale à servir de champ de manœuvres aux divers lobbies, notamment de magistrats. L'expérience de la réforme du Conseil supérieur de la magistrature en 1993 a servi de leçon.

De très âpres discussions s'ensuivent pour déterminer qui fera partie du groupe des sages. Hormis Blandine Kriegel, professeur des universités et historienne, auteur d'une œuvre érudite abondante, incontournable, très éclairante sur la justice, et Laurent Cohen-Tanugi, avocat, associé d'un des meilleurs cabinets d'avocats américains (Cleary Gottlieb), auteur de plusieurs ouvrages sur l'État, le droit et l'Europe, la commission a été composée de préférence avec des personnes peu connues pour s'être manifestées publiquement par des réflexions globales et drastiques sur la justice. Trois conseillers d'État, un inspecteur des finances, six magistrats (dont trois du Siège et trois du Parquet), quatre avocats, deux journalistes et cinq professeurs des universités, dont un philosophe, Luc Ferry, forment l'ensemble de cette commission qui dispose de six mois pour rendre son rapport. Certains se sont étonnés de constater l'absence, par exemple, d'Antoine Garapon, magistrat responsable de l'Institut des hautes études sur la justice et dont toute l'activité depuis dix ans consiste précisément à réfléchir sur des problèmes de la nature de ceux examinés par la commission. Il semble qu'entrait dans ce rejet symptomatique l'idée de ne pas « braquer » la magistrature en prenant des personnalités déjà trop marquées par une expression connue en la matière. Ce choix fait à l'« entrée » se retrouvera nécessairement à la « sortie ».

Le malentendu

Quelle allait être la méthode de travail ? Au lieu de choisir des audiences publiques, comme telle avait été la pratique de la commission de la nationalité, les travaux resteraient secrets jusqu'à leur aboutissement. Les seules consultations prévues initialement sont celles des institutions : syndicats de magistrats, syndicats et ordres d'avocats, syndicats de presse, hautes juridictions administratives (Conseil d'État, Cour des comptes), quelques professeurs, d'anciens magistrats chargés des affaires criminelles et des grâces, etc., et les anciens gardes des Sceaux. Parmi ceux-ci, Pierre Arpaillange, Pierre Méhaignerie, Alain Peyrefitte et Robert Badinter ont préféré, sous des prétextes divers, s'abstenir de pratiquer l'exercice demandé. Dans un second temps, dix-sept personnes « qualifiées » sont entendues, outre les représentants de deux syndicats de magistrats.

La mission confiée par le président de la République était très large et reposait sur trois types de tâches : l'interrogation, l'étude, la recherche. « Vous devez, écrit le président, vous *interroger* sur le meilleur moyen de ne laisser envisager la culpabilité qu'au moment où elle est avérée. » Quant à l'étude : « Je vous demande d'*étudier* les modalités et les conséquences d'une situation nouvelle dans laquelle le Parquet ne serait plus subordonné au garde des Sceaux et, éventuellement même, ne serait plus hiérarchisé. » Étude ayant pour corollaire encore des interrogations « sur le fondement des fonctions de juger et de requérir au nom de la société, sur les sources de leur légitimité ainsi que sur les conditions dans lesquelles les personnes investies de ces pouvoirs agissant en pleine indépendance engageraient leur responsabilité dans l'accomplissement de leur mission ».

Interrogation encore « sur les relations qui devraient exister entre l'autorité judiciaire et les pouvoirs exécutif et législatif, lesquels procèdent tous deux par la voie du suffrage, de la souveraineté nationale [...] et sur les conditions dans lesquelles le gouvernement pourrait, conformément aux dispositions de l'article 20 de la Constitution, déterminer et conduire la politique judiciaire et notamment la politique pénale de la nation ». Quant à la « recherche », elle concerne « de la manière *la plus large* et *la plus libre* toutes les implications des nouveaux choix fondamentaux qui pourraient être faits par la France afin de rendre à sa justice le caractère exemplaire qui doit être le sien ». *Interrogation*, *étude*, *recherche* avec ampleur et liberté. Voici la méthode de travail que le président a souhaité imposer à la commission.

Force est de constater que celle-ci n'a pas bien compris sa mission. Au lieu d'éclairer le débat et de se comporter de ce fait en véritable explorateur, elle s'est transformée en petit parlement proposant un paquet ficelé de mesures toutes faites, prêtes à l'emploi. Au lieu de dresser un tableau des problèmes, des choix, de leurs conséquences, comme il lui était demandé afin de permettre au pouvoir de disposer d'une matière riche et suffisante pour mener le débat politique public et sortir des lieux communs, elle est partie de ces lieux communs pour faire en son sein un ou plusieurs compromis destinés à présenter au président un produit fini. Comme l'écrivait dans *Le Monde*[1] Blandine

1. « Faut-il avoir peur des juges ? », *Le Monde*, vendredi 11 juillet 1997.

Kriegel, exprimant par là un sentiment semble-t-il assez général dans la commission : « Il est apparu délicat de réformer à contre-courant de l'opinion, en heurtant des magistrats qui réclament aujourd'hui plus d'indépendance. » L'équivoque est complète. Ce n'est pas à la commission de réformer. Et le pouvoir politique est assez grand pour s'apercevoir tout seul du problème politique que pose telle ou telle mesure. Cette question-là est d'une autre nature que celle posée à la commission et qui était bien davantage : « Indépendamment des lieux communs et des rapports de force qui surdéterminent aujourd'hui le débat, quels sont les choix logiques, les avantages, les inconvénients et les conséquences de ceux-ci ? » Manifestement, le président attendait que cette commission casse les tabous, s'exprime librement, largement, et permette une sorte de transfusion d'idées donnant enfin la possibilité au débat national sur la justice de sortir des ornières dans lesquelles il est embourbé. Il est clair que commencer une réflexion sur la justice avec le thème « les juges n'accepteront jamais » rend cette réflexion infirme. Au cours de trois cents ans d'histoire de France, les juges n'ont jamais accepté spontanément quoi que ce soit, depuis la suppression de la torture jusqu'à la réforme de l'instruction de 1993 en passant par celle de 1897.

S'agissant ainsi de la question de base, qui est celle de l'unicité ou non du corps judiciaire, le problème est expédié en quelques lignes. Faut-il « éliminer le soupçon pesant sur la justice par une séparation institutionnelle du Siège et du Parquet plutôt que par la rupture » du cordon ombilical entre le Parquet et la Chancellerie ? La réponse est déjà là dans la décision de l'assemblée générale des procureurs généraux du 28 janvier 1997 : « La conférence proclame solennellement l'attachement indéfectible des procureurs généraux au corps judiciaire, dont l'unité constitue à ses yeux la meilleure garantie des libertés individuelles en maintenant aux membres du ministère public leur statut de magistrats. Cette garantie est en outre renforcée par la mobilité de carrière existant traditionnellement entre les fonctions du Siège et celles du Parquet, mobilité qui seule peut autoriser l'appartenance commune des magistrats de l'une ou l'autre de ces fonctions à un corps unique. » Parallèlement, la même assemblée générale « réaffirme solennellement l'attachement des procureurs généraux au principe de l'organisation hiérarchique du ministère public ». Reproduite sur deux petites pages du rapport Truche [1], la décision catégorique de l'assemblée générale des procureurs généraux résume bien, quelque six mois avant la rédaction de celui-ci, ce qu'il sera. La commission se soumet à ce diktat. Elle rejette la séparation des deux corps « pour toute une série de raisons : au-delà du poids des traditions et de l'attachement des magistrats du Parquet à leur statut : participation au contrôle du respect des libertés individuelles et des droits de l'homme ; évolution des mentalités et des pratiques en direction d'une indépendance accrue du ministère public en France et à l'étranger : autorité conférée au Parquet par le statut de magistrat pour apprécier l'opportunité des poursuites et, dans ses rapports avec la police judiciaire, diversité croissante des missions du ministère public, notamment en liaison avec d'autres administrations. La commission se prononce donc en faveur du maintien du statut du magistrat pour les membres du ministère public, ce qui la conduit à rechercher l'élimination du soupçon dans la direction inverse, c'est-à-dire une indépendance statutaire accrue du ministère public par rapport à l'exécutif comme il sera expliqué plus loin et l'engagement d'une réflexion sur l'office du juge [2] ». Au cours de cette réflexion qui se cherche quelques pages plus loin, on sent qu'un membre de la commission qui devait être dissident sur le sujet a réussi à faire écrire un peu le contraire de ce qui était exprimé plus haut,

1. P. 399-401.

2. P. 48 et 49 du rapport (les références renvoient à la pagination du document initial distribué par le service de presse de la Chancellerie et non pas à celle du texte édité par la suite par La Documentation française).

avec la phrase suivante complètement contradictoire avec elle-même et ce qui précède : « Certains membres de la commission estiment que la convergence accrue des statuts du Parquet et du Siège qu'elle a proposée par ailleurs doit être accompagnée d'une différenciation plus nette des carrières des magistrats du Siège et du Parquet et par une réflexion sur l'office du juge[1]. » Cette réflexion toujours annoncée sera encore différée et ne viendra pas véritablement, sauf pour faire suggérer par ce même dissident décidément tenace, quelques pages plus loin et à titre prudemment indicatif, qu'après quelques années de carrière on pourrait envisager une liste manifestant une préférence pour le Siège ou le Parquet, suggérant sans le dire un passage plus rare d'une fonction à l'autre[2]. Mais, sept pages plus loin encore[3], à l'occasion de l'évocation du Conseil supérieur de la magistrature, la majorité reprend la direction de la plume en célébrant l'« unité de la magistrature symbolisée par l'unité du Conseil ». Sur un sujet aussi essentiel, ce texte du rapport Truche marque une nette volonté de ne pas ouvrir ce débat en le « rejetant » sans explication et sans même faire comprendre au lecteur qui l'ignore que la situation d'unicité du corps judiciaire est à la fois isolée dans le monde et complètement basique.

Après avoir écarté l'essentiel, la commission se retrouve avec des contradictions insolubles sur les bras. D'un côté, se soumettant à la décision de l'assemblée générale des procureurs généraux, elle se prononce aussi en faveur du principe de l'« organisation hiérarchique du ministère public ». Hiérarchie et juge ne vont pourtant pas de pair. Mais ce n'est pas tout. Pour tuer le soupçon de l'influence des politiques sur la justice, la commission est obligée, comme elle l'énonce à partir du moment où les parquetiers restent des juges, « de rechercher l'élimination du soupçon dans la direction inverse, c'est-à-dire une indépendance

1. P. 59.
2. P. 65.
3. P. 72.

statutaire accrue du ministère public par rapport à l'exécutif». C'est la quadrature du cercle puisque, dans le même temps, il n'est pas question de couper et d'isoler ce bloc des magistrats du Parquet et de le transformer en autorité complètement indépendante du garde des Sceaux. En effet, les propositions unanimes de la commission veillent au « maintien du lien entre le Parquet et l'exécutif[1] ».

Pour sortir de cette contradiction insoluble, il existe une méthode employée aux États-Unis, celle des « procureurs spéciaux ». Schématiquement, le ministre de la Justice (en ce moment Janet Reno) exerce sur son parquet fédéral une autorité hiérarchique. Mais, reprenant des pratiques antérieures, l'« Ethic Government Act » de 1978 prévoit qu'en cas de conflit ou de simple apparence de conflit d'intérêt personnel, financier ou politique, entre l'application égale de la loi et le pouvoir du ministre, celui-ci est dessaisi au profit d'un procureur spécial indépendant du gouvernement. Cette solution évoquée dans le rapport n'est pas discutée. Elle est rejetée au profit d'une réflexion pleine de bons sentiments : « À tout prendre, n'est-il pas préférable d'assainir les relations ministres-magistrats du Parquet pour que les deux parties responsables et dans la transparence enrichissent leur rapport pour le bien de la justice[2] ? » Ce vœu pieux n'est pas si candide. Il est vrai que sous des formes diverses l'ensemble des pays cités comme références par la commission entretiennent un mode de relations confiantes et bien venues entre Parquet et pouvoir politique. Les alchimies sont multiples, les constructions institutionnelles très variées. L'interface politique-Parquet prend les habits les plus différents. Les relations ne se résument pas à des schémas brutaux. Le « cordon » n'est jamais « coupé ». Il n'est jamais non plus trop voyant. Les rapports politique-Parquet sont simplement hono-

1. P. 30.
2. P. 43.

rables et sérieux. Le problème français tient à ce que, ponctuellement, ces relations ont été obscènes, et même encore récemment. D'où le caractère peu créatif d'une réflexion qui consiste seulement à décrire comme souhaitable une situation qui n'est pas encore là. Dans les moyens pour y parvenir, la solution du procureur spécial aurait été une façon élégante de retirer partiellement le soupçon qui, tel un clou dans la chaussure, blesse la marche de la justice. Après tout, depuis 1993, les hommes politiques sont responsables devant la Cour de justice de la République pour les infractions qu'ils ont commises en rapport avec leurs fonctions. Les poursuites sont spéciales. Les parties civiles ne sont pas admises. L'instruction s'effectue par une commission d'instruction composée de conseillers à la Cour de cassation, et le parquet général de la Cour de cassation assume la charge de l'accusation. Qu'est-ce qui empêcherait d'utiliser ce précédent pour gérer les affaires dans lesquelles de toute évidence le pouvoir politique représenté par le garde des Sceaux se trouve dans une situation manifeste de conflit d'intérêts ? Rien ne s'y opposerait techniquement. Mais, là encore, ce système n'est pas dans notre tradition et cette technique viendrait porter atteinte indirectement à ce sacro-saint concept d'unité du Parquet et du Siège.

Les imprudences de la prudence

Le refus de toute solution originale conduit inévitablement la commission à s'écarteler dans des contradictions insolubles. Les magistrats du Parquet seraient plus indépendants mais resteraient dépendants. Les instructions individuelles sont proscrites au profit d'un dialogue Parquet-garde des Sceaux. En revanche, la politique pénale reste l'apanage du gouvernement et la hiérarchie subsiste. Afin de satisfaire l'apparence d'une indépendance renforcée, la carrière des parquetiers échappe au gouvernement et l'avis conforme du Conseil supérieur de la magistrature est nécessaire avant toute nomination, sans qu'on aille toutefois lui permettre d'en proposer, ce qui le transformerait d'organe de contrôle en organe de décision. Mais les nouveaux pouvoirs du Conseil obligent à le réformer pour lui donner plus de légitimité. Donc les magistrats élus, au lieu d'être six contre quatre profanes, demeureraient six contre sept (deux désignés par le président de la République, deux par le président du Sénat, deux par le président de l'Assemblée nationale, et un par l'assemblée générale du Conseil d'État parmi ses membres). Les six magistrats devraient être mieux élus pour ne pas être seulement dépendants d'une seule organisation syndicale majoritaire (USM). Le vice-président du Conseil supérieur serait choisi par le président de la République qui n'y aurait pas voix délibérative. Le Conseil supérieur étant ainsi « démocratisé », la commission s'épargne la réflexion qui lui était demandée sur la légitimité du Parquet. Il est légitime, pense-t-elle, puisqu'il dépend d'un organisme qui n'est plus seulement corporatiste.

Le contournement du problème est habile. Mais le président de la République a quand même dû se demander ce que parler veut dire. Il n'est pas raisonnable de considérer que cette simple modification institutionnelle réponde à la question posée : « Je vous demande d'étudier les modalités et les conséquences d'une situation nouvelle dans laquelle le Parquet ne serait plus subordonné au garde des Sceaux et, éventuellement même, ne serait plus hiérarchisé. » Et : « Vous devrez notamment vous *interroger* sur le *fondement* des fonctions de juger et de requérir au nom de la société, sur les sources de leur légitimité [...]. » Si le président de la République a pris soin de poser la question, c'est pour avoir une réponse. Pour que l'on trouve ainsi soulignée la racine du problème et non pour qu'on lui mette un plombage. Mais aller au fond des choses aurait à l'évidence détruit le compromis sur lequel la commission s'est mise d'accord. Or, la caractéristique de tout compromis n'est pas d'être fondé sur la vérité mais sur un accommodement des rapports de force en espérant que l'accord trouvé ne vous sautera pas à la figure trop tôt. En s'abstenant délibérément d'abord de traiter la question de fond, bien qu'elle eût pour cela l'équipement intellectuel suffisant, la commission s'épargnait ainsi le débat de base sur cette sacro-sainte unité du corps judiciaire. Elle fait disparaître les motivations des douze États sur quatorze qu'elle a analysés (mais dont elle n'a pas parlé) parce qu'ils ont choisi une autre organisation divisant fonction et carrière du Siège et du Parquet, et qui ont réussi à maintenir un lien honorable direct ou très indirect avec le pouvoir politique.

Mais la vérité finit toujours par s'imposer. À ne pas vouloir la regarder en face, elle brise le miroir. Dans les cinq ans qui viennent, le juge du Parquet se retournera contre sa hiérarchie parce que sa qualité de juge est incompatible avec un rôle subordonné, hiérarchisé et dépendant. Le mouvement actuel ne sera en aucun cas entravé ni freiné, mais au contraire encouragé par des demi-mesures, et le problème politique ne sera en rien résolu. Il continuera à s'infecter. De surcroît, il est bien léger de s'imaginer qu'un ancien ambassadeur de plus aux côtés de deux anciens bâtonniers supplémentaires vont faire la révolution au Conseil supérieur de la magistrature et le « légitimiser » (sept profanes contre six magistrats au lieu de quatre contre six). La phobie théorique française se retrouve complètement dans ces jeux stériles. On ne veut pas affirmer que la nomination des juges et des parquetiers est une responsabilité politique alors que partout ailleurs cette vérité d'évidence est reconnue. En France, le politique c'est le mal, donc éloignons-le le plus possible des juges. Le Conseil supérieur est une sorte d'organe de substitution dont il est politiquement correct de penser qu'il doit être aseptisé politiquement. Inutile de dire que les malheureux profanes qui seraient choisis pour en faire partie n'auraient guère le profil de guerriers ou un poids de légitimité spécifique suffisant. D'ailleurs, la plupart du temps, avoir ce genre de fonction à pourvoir permet aux présidents des assemblées ou au président de la République de faire un petit cadeau à des gens sympathiques qui ont été utiles. Moins bien qu'un petit bureau de tabac jadis, mais mieux qu'une décoration. C'est d'ailleurs ainsi qu'a commencé le Conseil constitutionnel. La situation a changé avec l'accroissement de ses pouvoirs. Pas encore suffisamment mais sérieusement. Mais il s'agit là de juges de la constitutionnalité des lois, ce qui n'est pas une mince affaire. Tandis que le Conseil supérieur n'est en quelque sorte qu'un organe de contrôle des services du personnel de la magistrature.

Quels seront les volontaires pour aller s'enterrer dans ce genre d'activité incompatible avec beaucoup d'autres ? Leurs motivations ne ressembleront en rien à celles des magistrats eux-mêmes, qui resteraient tout autant dominants à six contre sept demain qu'à six contre quatre aujourd'hui. Ce type d'organisme à la française, tant qu'il sera un moyen pour tenir le pouvoir politique au bout de pincettes, ne sera jamais autre chose que l'objet des convoitises de la magistrature, qui ne voit dans sa légitimité qu'elle-même. La faille de l'absence de réflexion sur la légitimité des juges du Siège et des parquetiers se retrouve là encore. À ne pas vouloir répondre aux questions : « Qui t'a fait juge ? » et « Qui t'a fait procureur ? », on cache la réalité, on la dévie pour finalement s'accorder sur des illusions afin de ne choquer personne. La vérité est que la France est le seul pays au monde dans lequel la magistrature tente, et parvient souvent, à se choisir elle-même, bien à l'abri d'une école moule monopolisée par des magistrats, d'une commission d'avancement complètement hostile au monde extérieur et d'un Conseil supérieur de la magistrature aujourd'hui entre les mains d'un seul syndicat et demain de plusieurs. Dans les autres États, la plupart des organes de choix de la magistrature du Siège ou du Parquet n'ont pas d'existence institutionnelle. Il n'existe que des procédures de choix plutôt que des institutions autonomes. Il en va ainsi dans tous les pays du Commonwealth, aux États-Unis, en

Allemagne, qui n'ont pas besoin de feuille de vigne pour assumer la responsabilité politique des nominations. Faut-il encore le rappeler ? Aux États-Unis, c'est la commission judiciaire du Sénat qui, après avis et notation de l'American Bar Association, assiste le président qui nomme les juges fédéraux, et c'est l'attorney général qui nomme les US attorneys, c'est-à-dire les procureurs fédéraux. Quant aux juges et procureurs locaux, ils sont soit élus soit nommés par le gouverneur. En Angleterre, c'est le Lord Chancellor qui désigne directement les juges, et un comité de deux juristes et de fonctionnaires le Parquet. En Allemagne, ce sont les ministres des *Länder* qui nomment juges et procureurs directement et, au niveau fédéral, des commissions composées d'élus et de ministres, tandis que le Tribunal constitutionnel est élu pour une moitié par le Bundestag et pour l'autre par le Bundesrat. En France, le dévoiement des relations entre la politique et la justice et le sous-développement juridique qui en est la cause interdisent de réfléchir. Comme s'il fallait à tout prix, par une sorte d'ironie de l'histoire, recomposer aujourd'hui, sous des habits démocratiques, un bloc judiciaire que l'Ancien Régime a mis deux cents ans à sécréter à son corps défendant, et que la Révolution a jeté par terre. Ce nouveau Conseil de la magistrature proposé par la commission Truche n'est que l'habillage des contradictions françaises, dépendant non pas d'une réflexion de fond, mais là encore de compromis uniquement fondés sur des arrangements entre rapports de force supposés à la suite de réactions aux accidents de l'histoire.

Le compromis à tout prix

Faible sur la question de la légitimité et de ses conséquences, la commission l'est également, pour les mêmes raisons, sur le chapitre de la responsabilité. La seule innovation prévue reste l'ouverture par le chef de cour de la possibilité de saisir disciplinairement le Conseil alors que cette saisine est aujourd'hui de la seule compétence du garde des Sceaux (ce qui est évidemment idiot puisque cela le place dans une situation politiquement intenable). En janvier 1993, la commission Vedel, sous l'impulsion du Premier président Pierre Drai, était quant même allée plus loin en souhaitant instituer le Conseil supérieur en réceptacle de « toute plainte et doléance relative au fonctionnement de la justice ». Tant pis pour la question de la responsabilité. Tant pis pour celle de la légitimité. Ces fondations sont pourtant naturelles à la réflexion sur la justice. Et sont précisément oubliées parce que la base retenue du travail a consisté non point à éclairer mais à essayer de deviner ce qui, de l'avis de la commission, pouvait politiquement « passer », en tenant pour acquises les résistances au changement.

Cette démarche est malheureusement la même pour ce qui concerne la procédure pénale. En 1990, la commission Delmas-Marty, dont faisait partie Pierre Truche, rendait un rapport remarquable reconstruisant notre procédure pénale en fonction de dix principes, imposés par notre Constitution, la *Déclaration des droits de l'homme* et nos engagements internationaux. L'idée de base en était de mettre fin à la confusion des fonctions d'investigation et de juridiction dans notre procédure pénale, et de restaurer le juge dans sa véritable fonction : celle de juger. Le juge d'instruction devait donc être remplacé par un juge *de* l'instruction rénovée, le Parquet étant chargé des fonctions d'investigation. Cette reconstruction visait aussi à renforcer tout le contrôle judiciaire de la mise en état des affaires pénales. Depuis 1945, avec le rapport Donnedieu de Vabre, la France essaye d'accoucher d'une procédure pénale plus compatible avec les droits de l'homme, sans pour autant tomber dans les archaïsmes que le système anglo-saxon sécrète autant que notre vieux système inquisitoire. Avec la réflexion de la commission sur une plus grande autonomie du Parquet, qui pouvait en empêcher les membres de faire preuve d'audace puisque le président de la République les encourageait à voir large et librement ? Après tout, le président lui-même, évoquant explicitement dans son discours de mission le meilleur équilibre entre les « phases d'instruction et de jugement du procès pénal », les avait mis sur la voie en liant la question de la présomption d'innocence à la réforme de la procédure pénale. Pourtant, ce sera le chapitre le plus triste du rapport. L'audace est abandonnée au profit de quelques recettes, certes parfaitement utiles mais laissant subsister l'essentiel du passif. Un avocat en garde à vue dès la première heure, très bien. Un retour à la réforme des socialistes de janvier 1993 avec la collégialité en plus. Excellent. Le juge d'instruction serait donc dessaisi de son pouvoir de mise en détention au profit d'une collectivité de trois juges au sein de laquelle il ne siégerait pas. Beaucoup applaudissent à ces petits progrès. Hormis la collégialité qui n'a jamais servi à rien, on le sait, puisque les chambres d'accusation, elles-mêmes collégiales, confirment à tour de bras les décisions de mise en détention des juges. La vérité, c'est que notre procédure pénale va finir par ressembler bientôt à ce palais de la reine d'Égypte inventé par Goscinny et Uderzo dans leur inénarrable *Astérix et Cléopâtre*. À force de tripoter dans tous les sens un système pour essayer de le faire fonctionner autrement que selon sa logique, il va se paralyser.

Voici la conclusion prémonitoire du rapport Delmas-Marty en 1990 : « Alors, utopiques, nos propositions, irréalisables ? Bien au contraire, les membres de la commission ont la conviction que le malaise actuel de la justice pénale tient moins à l'indifférence du législateur qu'à l'accumulation de réformes ponctuelles, partielles, ajoutant toujours de nouvelles formalités, de nouvelles règles techniques qui ne s'accompagnent ni des moyens matériels adéquats ni d'une réflexion d'ensemble sur la cohérence du système pénal. C'est ce rapiéçage, parfois même ce bégaiement législatif, qui paraît irréaliste et néfaste dès lors que l'on prend conscience du fait que les difficultés actuelles ne peuvent être résolues par des demi-mesures. » On ne saurait mieux critiquer l'approche faite de ce sujet majeur par la commission Truche. Sa mauvaise conscience s'exprime d'ailleurs dans des pages profondes, remarquables d'écriture, émanant d'une plume affranchie un instant des préoccupations d'habileté. Le rédacteur, qui n'est apparemment pas le même que pour les autres passages, ou qui est plus à l'aise, semble avec nostalgie caresser l'espoir d'une transformation profonde de notre procédure. Au terme de six pages éblouissantes d'érudition et de bon sens, l'auteur de ces pages 60 à 65 procède à la démonstration implacable de la pertinence constitutionnelle de la division des fonctions d'enquête et des fonctions juridictionnelles. « La question se pose de savoir si les fonctions de poursuite et d'instruction des affaires doivent être séparées. » La réponse est affirmative : « C'est en confiant à une autre autorité [*que le juge d'instruction ?*] les pouvoirs d'enquête qui impliquent obligatoirement à un certain stade l'intervention de la défense qu'un des motifs de suspicion contraire à la présomption d'innocence serait atténué [1]. »

Mais la prudence reprend ses droits dès le paragraphe suivant. Il ne s'agit plus de confier l'enquête à une autre autorité que le juge d'instruction, mais simplement de redéfinir ses pouvoirs en matière de détention, de durée des procédures, de secret. Prétextant un manque de temps pour aller plus loin, le nouveau rédacteur – ou le même un peu dissocié – écrit qu'« il faudra tirer toutes les conséquences des développements qui précèdent ». Il « constate que dans la durée cela conduira à distinguer les fonctions d'enquête et de jugement et donc à singulariser le rôle du juge ». Le lecteur est pris par le suspense. Alors faudra-t-il supprimer le juge d'instruction ? Que nenni ! Le rédacteur s'est retourné au moment crucial de la phrase : sa chute ! Le *nec plus ultra* serait « de ne confier cette mission essentielle qu'à

1. P. 65.

des magistrats confirmés »… Ce qui est évidemment tout autre chose. Cette contorsion intellectuelle est destinée à éviter de choquer les 561 juges d'instruction qui, tels les gardiens du temple, campent autour de notre vieille procédure comme si tout le pouvoir de la magistrature s'y trouvait réfugié.

Lassée par cet exercice d'écartèlement, ou ces acrobaties, la commission semble s'être un peu soulagée sur la presse en décidant d'interdire la publication des noms des suspects en garde à vue ainsi que pendant toute la durée de l'enquête préliminaire. En revanche, l'instruction sera publique pour certaines de ses phases. C'est ce qu'on appelle l'introduction de « fenêtres » de publicité. Les photos de personnes entravées seraient interdites, le droit de réponse audiovisuelle est élargi, les personnes morales entreprises de presse pourraient désormais être poursuivies et la création d'une charte rédactionnelle déontologique encouragée. Analyse pertinente, mais évidemment propre à soulever la fureur de la presse.

Les raisons d'un massacre

Les conditions d'un massacre étaient donc réunies. Personne n'est monté au créneau pour défendre le rapport Truche, sauf un président de la République un peu convenu le 14 juillet, car aucune des propositions énoncées ne se fonde sur autre chose qu'une sorte de compromis tenant pour acquises et certaines les résistances à réduire, telles l'unité du corps judiciaire ou l'impossibilité de réformer sérieusement l'instruction. Les partisans de l'indépendance totale des parquets ne sont pas satisfaits. Les jacobins traditionnels non plus, et pas davantage ceux qui essayent de sortir de cette contradiction traditionnelle. Avec sauvagerie, la presse s'est jetée sur ce rapport pour le déchirer avant même qu'il n'ait été publié, soit en termes distingués comme *Le Monde* : « La déception Truche », ou vulgaires comme

France-Soir avec le photomontage de Pierre Truche déguisé en Anastasie armée d'une grande paire de ciseaux.

Les lieux communs réactifs sont toujours aussi puissants. *Le Monde* titre : « La commission de réforme de la justice refuse de couper le lien entre les procureurs et l'État », avec un dessin de Pancho représentant un gardien de prison enchaîné à un homme en complet veston tandis qu'à côté un élu ceint de son écharpe tient en laisse par la patte un magistrat coiffé de sa toque.

Que peut le politique maintenant ? Est-il plus libre puisqu'il n'est plus le même ? La commission est-elle tombée dans un travers fréquent à ce genre d'institution provisoire ? Aurait-elle voulu jouer au législateur sans avoir la légitimité pour cela ? Ses membres ne sont pas des politiques. Ce ne sont pas non plus pour la plupart des experts [1]. Ils n'avaient aucun pouvoir pour « négocier un compromis » entre eux, mais tous les pouvoirs pour illuminer la pièce et le grand théâtre du débat à venir. Le pauvre politique qui, lui, est chargé de faire les compromis entre ce qui est nécessaire et ce qui est possible ne pourra pas faire de nouveau compromis sur ce qui en constitue déjà un. Ou alors nous allons comme d'habitude prendre des miettes de pain pour des colonnes doriques. La démonstration est faite que l'audace dans certaines situations est mère de la prudence et qu'à éviter d'aborder de front les questions théoriques de base, on court le risque de voir mettre à bas une construction insuffisamment justifiée, ou pis, d'entraîner le pouvoir politique vers un bricolage illusoire, sinon des facilités démagogiques [2].

Il demeure que le rapport Truche possède un mérite : celui d'exister et de permettre d'identifier les manques de notre pensée nationale et les lacunes de notre culture judiciaire. Enfin, il est

1. Comme le disait le professeur de droit Michel Troper sur les ondes de BFM le samedi 7 août.

2. Ce que, à la réflexion, Blandine Kriegel semble redouter à la suite des premières prises de position publiques du garde des Sceaux sur l'indépendance du Parquet (« La lourde erreur d'Élisabeth Guigou », *Le Monde*, 27 septembre 1997).

possible de s'appuyer sur un texte bien écrit, sur une réflexion approfondie et qui, tout insuffisante ou critiquable soit-elle, demeure une réflexion sérieuse, ne s'en tenant pas à la simple répétition de slogans. Tout le monde s'est moqué de l'utilisation du mot « dialogue » prononcé par la commission pour définir les bonnes relations à trouver entre le pouvoir politique et les parquets. C'est pourtant l'objectif de la plupart des démocraties, quel que soit le mode institutionnel choisi. Il reste que, si un gouvernement peut dialoguer avec un parquet, il ne peut y parvenir avec des juges, qui ne peuvent remplir le même rôle. Peut-être le rapport Truche aura-t-il eu le mérite de rendre visible cette lacune.

Enfin, si l'on abandonne la bouderie critique au profit de la morosité pragmatique, que vaut-il mieux ? Rien ? Ou adopter les propositions de ce rapport ? L'avocat en garde à vue à la première heure, l'aménagement du secret de l'instruction, l'introduction d'un recours contre les classements sans suite, l'extraction des mains du juge d'instruction de la décision de mise en détention, la nouvelle réforme du Conseil supérieur de la magistrature, la moralisation des rapports politique-Parquet sont, comme le diraient les vieux communistes, des « pas en avant » à défaut du « grand soir ». De tels progrès valent mieux que pas de progrès du tout. Comme le déclarait Pierre Truche avec sa malice habituelle devant la commission des lois le 4 septembre : « Notre commission a été un marchepied. Vous pouvez monter dessus pour aller plus loin[1]. » Ce rapport en aura-t-il donné l'envie ? Ou sa prudence n'aboutira-t-elle une fois de plus qu'à la constatation d'une occasion manquée ?

1. *Le Monde*, 6 septembre 1997.

CHAPITRE VI

LE RAPPORT COULON

(Le tic-tac de la pendule)

Tous les Français connaissent le rapport Truche. En revanche, très peu d'entre eux savent même qu'il existe un rapport Coulon. La justice pénale, ses drames, ses fastes et son organisation sont l'ordinaire des médias bien que ne concernant que très peu de personnes. Tandis que la justice civile dont le fonctionnement touche plus d'un Français sur trois pendant sa vie ne donne pas lieu à médiatisation. Rien de plus normal. La justice pénale traite des rapports entre l'État et ses déviants, dont la délinquance affecte l'ordre public, c'est-à-dire ce qui constitue l'un des fondements du pacte social. Tandis que la justice civile est à la disposition de tout citoyen pour régler ses problèmes individuels avec d'autres citoyens. Le délinquant, même de droit commun, commet un acte à conséquences politiques car, selon la manière dont la justice le traite, les autres, les honnêtes gens, continuent ou cessent de faire confiance à l'État. L'exercice de la justice civile concerne aussi l'ordre public, mais dans le seul cas où son infirmité empêcherait les honnêtes citoyens de résoudre leurs difficultés, les précipitant faute de mieux vers la violence.

Simple, plus expéditive, moins coûteuse !

Justice pénale et justice civile sont dans l'État, à la base, créées dans le même but : assurer la paix civile dans le cadre de travail qui permet à une société de se développer. Les dérèglements de l'une sont plus spectaculaires et voyants, les blocages ou l'asphyxie de l'autre sont plus vicieux et d'effet différent, mais tout aussi menaçants à long terme pour l'autorité de l'État. Il est donc clair que la crédibilité de la justice forme un tout et qu'il est politiquement juste de lier ensemble tous ses problèmes.

Mais il est vrai aussi que l'organisation de la justice civile est moins réductible à des slogans sur l'« indépendance », la « coupure du cordon », sauf à répéter sans relâche l'antienne du « manque de moyens » et autres ponts aux ânes et lieux communs. Il s'agit d'un sujet très technique, impropre à l'exercice d'éloquence, et de surcroît dont on ne peut parler sans un minimum de connaissances faites de vocabulaire et de maîtrise des concepts.

Le traitement politique des réformes est donc différent. Si la commission Truche était composée de personnalités de sensibilités et de formations diverses et s'est crue contrainte de faire une analyse politique des réformes à venir, la « mission Coulon » présente dès l'origine un aspect purement technique. C'est au président du tribunal de Nanterre, devenu en 1997 président du tribunal de Paris, que le garde des Sceaux, Jacques Toubon, demande en octobre 1995 de réfléchir à une amélioration des procédures et de l'organisation judiciaire afin de « restaurer » une institution qui souffrirait d'« encombrement » et de « lenteur », et qui serait « éloignée et coûteuse ». Et le garde des Sceaux d'affirmer cet élément de base de la théorie de l'État : « Notre société requiert que la justice civile puisse exercer pleinement ses missions d'apaisement des conflits et de régulation sociale. »

Il est fascinant de constater que les problèmes judiciaires et leur perception sont exactement les mêmes à des siècles de distance et que les mots employés pour en parler sont semblables. Pendant le grand débat qui s'est tenu de mai à août 1790 à l'Assemblée nationale, les révolutionnaires entendaient réformer la procédure « de manière à ce qu'elle soit plus simple, plus expéditive et moins coûteuse[1] ». Tous les gardes des Sceaux de la République ont été amenés à prononcer un jour ces mots, et Jacques Toubon n'échappe pas à cette tradition. Là aussi le poids de l'histoire se fait encore sentir. Par un réflexe conditionné, l'évocation de la justice en France sécrète automatiquement les termes « lente, lointaine, chère, compliquée ». Comme si l'Ancien Régime existait toujours, avec son inextricable enchevêtrement de juridictions. Comme si, dans notre société sous-développée juridiquement, la justice pour être parfaite se devait d'être immanente, dépouillée de ses auxiliaires parasitant les rapports des justiciables avec un arbitre suprême quasi divin qui saurait tout deviner, tout décider, sans même qu'il soit besoin d'avoir recours aux mots. Les Français n'ont toujours pas compris que la justice était un système de représentation obéissant à certaines vicissitudes de délai, de coût et de vocabulaire.

Le dernier élément du procès fait à la justice, le procès des mots, est fort étonnant. En bonne démagogie politique, il convient de se gausser de la basoche et de ses mots incompréhensibles qui éloignent la justice des justiciables. Pourtant, tout le monde sait à peu près ce que sont, en matière d'automobile, un carburateur, un embiellage, un piston ou une culasse. Ce n'est guère plus simple qu'une assignation, une forclusion, un exploit ou un itératif défaut. Pourquoi dans le cas de l'automobile un vocabulaire spécialisé serait-il le bienvenu par souci de précision, alors que s'agissant de justice il ne le serait pas ? L'explication réside dans le fait qu'il paraît légitime de faire un effort pour parler d'automobile dont on se sert tous les jours, et tout à fait inutile d'apprendre le langage judiciaire, d'autant plus que ni l'école ni l'université ne dispensent un minimum d'enseignement à ce sujet. D'autres pays disposent d'une politique d'éducation différente, qui permet aux adolescents dès 13 ou 14 ans

1. Article 20, alinéa 2 de la loi des 16 et 24 août 1790.

d'intégrer à un âge où c'est encore possible le concept de justice temporelle, accompagné de quelques repères techniques. En France, nous n'en sommes pas là. Dans sa cohérence, notre sous-développement juridique étend ses manifestations dès l'école. Aussi convient-il de toujours corriger d'un zeste d'imaginaire les griefs des Français à l'égard de leur justice civile qui, contrairement aux idées reçues, n'est ni la plus coûteuse, ni la plus compliquée, ni la plus lente du monde, bien au contraire. Ainsi, au moment où Jean-Marie Coulon remettait son rapport au garde des Sceaux, fin 1996, le Britannique lord Woolf avait remis depuis quelques mois au Lord Chancellor Mackay un rapport de 900 pages comportant 300 propositions pour éviter à la justice britannique de mourir d'asphyxie. Les principes à la base de ce rapport sont au nombre de six : la justice civile doit être juste dans le résultat qu'elle procure ; équitable dans la manière dont elle traite les plaideurs ; d'un coût raisonnable ; suffisamment rapide, compréhensible et satisfaisant les demandes de ceux qui en ont besoin ; ne pas être aléatoire ; enfin, être efficace et correctement organisée. On croirait entendre un discours universel. Présent au colloque de Florence sur la réforme des procédures civiles dans le monde organisé par l'université de New York en mai 1996, lord Woolf expliquait en substance à l'auteur de ces lignes après l'avoir entendu exposer la situation française : « Vous avez de la chance. Votre justice est peut-être un peu sommaire, mais vous n'avez pas croulé sous le nombre. Tandis que nous, en Angleterre, la complexité de nos procédures est telle que seuls les très riches et les très pauvres peuvent avoir accès à la justice. Les très riches parce qu'ils peuvent payer les coûts considérables du procès. Les très pauvres parce que l'État paye les frais de justice et d'avocat pour eux[1]. » Les Anglais suppor-

1. En Angleterre, le coût moyen d'un procès sur un échantillon de 2 184 cas est d'environ 100 000 F par personne. 92 % des procès de responsabilité médicale et 54 % des affaires d'accidents corporels sont intentés par des plaignants disposant de l'aide judiciaire.

tent encore le poids d'une procédure qui a connu jusqu'à l'après-guerre un système à jury, alors qu'en France les révolutionnaires ont refusé l'introduction des jurés dans les procès civils. En Angleterre, la rationalisation de l'organisation judiciaire en fonction de l'importance des affaires n'a pas encore été accomplie. La règle traditionnelle de *discovery*, c'est-à-dire des échanges colossaux de pièces, paralyse le procès. Le juge n'a pratiquement aucun pouvoir pour obliger les parties à organiser leurs débats dans la forme et dans le temps. Les coûts sont exagérés compte tenu de la complexité des procédures et de leur durée. La gestion administrative des cours et tribunaux pèche par amateurisme. La formation des juges sur le plan administratif est insuffisante. Le tableau anglais présenté par lord Woolf est plus sombre que le tableau français parce qu'il donne le sentiment d'être déterminé par l'aspect dissuasif de la justice civile. Trop longue, trop chère, trop compliquée, cela implique un mode de régulation comme un autre dont les Britanniques font aujourd'hui un débat. Lord Woolf suggère une rationalisation du système à certains égards proche de celle mise en œuvre en France depuis une trentaine d'années. Pour résumer ce monument, il propose le traitement différencié des affaires selon trois circuits de procédure distincts en fonction de l'importance des dossiers ; une gestion des dossiers plus automatisée et informatisée sous la direction d'un juge disposant d'un rôle quasi « managerial » ; une simplification des règles de procédure avec davantage de recours aux instances d'urgence, un encouragement aux transactions, une modification des expertises en les faisant contrôler par les tribunaux ; le recours à la médiation et la création d'une responsabilité administrative centrale de la justice civile. Bref, impossible de résumer toutes ces propositions. Elles ne sont évoquées ici que pour faire comprendre que le fonctionnement de la justice civile est un problème partout et que, malgré des vicissitudes historiques majeures, la France, contrairement aux lieux communs, n'est pas trop mal placée sur le plan des comparaisons internationales. Même les pays développés juridiquement connaissent des problèmes, hormis l'Allemagne pour l'instant.

Un krach ?

Cependant, et nous quittons là le domaine de l'imaginaire pour entrer dans celui de la réalité, la pression quantitative sur l'appareil judiciaire est colossale. De 1975 à 1995, le nombre des demandes introduites au fond[1] devant les juridictions civiles a augmenté de 122 %, soit d'environ 6 % par an. « Si la croissance des affaires nouvelles et terminées observée au cours de la dernière décennie se poursuit dans les cinq prochaines années, le nombre des affaires en cours pourrait atteindre 2 millions au 1er janvier de l'an 2000, ce qui représenterait une hausse de 300 % depuis 1975. C'est devant les cours d'appel que la croissance des demandes a été la plus forte (+ 208 %). Le stock des affaires terminées a progressé de 7,3 % au cours de la période. Si le flux d'affaires nouvelles et terminées continuait à progresser au même rythme dans les cinq années à venir, le nombre d'affaires restant à juger pourrait atteindre 400 000 au 1er janvier 2000, soit onze fois plus qu'en 1975[2]. » Cette pression quantitative conduit presque mécaniquement, comme l'analyse Jean-Marie Coulon, au « krach judiciaire » en l'an 2000. Cette perspective est exacte. Comment y faire face ?

Au terme de 93 consultations de professionnels, Jean-Marie Coulon, d'une plume précise et cohérente parce que unique, a rédigé une consultation très remarquable. Il faut pour s'y reconnaître un minimum de bagage culturel, exactement comme en possède le garagiste qui pose un diagnostic sur un moteur et propose une thérapeutique, ses connaissances lui indiquant que

1. « Au fond », c'est-à-dire pour être jugée définitivement et non provisoirement par une procédure d'urgence.

2. Rapport Coulon, p. 13-14.

celui-ci va couler une bielle. Le regard que Jean-Marie Coulon pose sur l'institution judiciaire est celui de ces mécaniciens qui toute leur vie ont eu du cambouis jusqu'au coude, assombris par une mécanique qui fait le moindre bruit, joyeux quand le moteur tourne rond. Ici pas de phrases alambiquées qui commencent blanc et finissent noir. Le style est technique, comme la pensée. Certes, les arrière-pensées sont toujours présentes car, même pour un mécanicien, il est impensable de raisonner sans tenir compte des intérêts des professionnels intervenant, avocats et avoués compris. Il convient d'éviter les heurts et les procès d'intention chez cette catégorie de population qui, à force d'avoir le nez sur ses dossiers, en vient parfois à ne plus garder de temps pour réfléchir et s'emballe comme un cheval braque au moindre bruit. Les propositions de Jean-Marie Coulon sont habiles à cet égard parce qu'elles montrent que l'intérêt général n'est pas contraire à la valorisation des intérêts des auxiliaires de justice. Poursuivant les efforts entrepris à partir de 1981 par Robert Badinter[1], qui le premier a introduit dans le fonctionnement judiciaire les notions de gestion, de stock, de flux, Jean-Marie Coulon s'interroge sur le point de savoir comment rationaliser la machine.

Voici douze ans, les magistrats étaient invités à poser leur plume, regarder leurs placards, compter les dossiers et tenter de raisonner pour sortir de cette logique d'un Sisyphe qui, à chaque voyage en haut de la montagne, pousserait une pierre de plus en plus grosse. Le 25 juin 1985, Robert Badinter adresse une circulaire qui fera date à tous les fonctionnaires et magistrats des cours et tribunaux. Elle contient un document révolutionnaire : le « Document méthodologique relatif à l'amélioration de la gestion des affaires en matière civile ». Faisant suite à la circulaire du 2 août 1983, ce document explique par le menu les

1. Avec toute une équipe de magistrats : Jean-Louis Nadal à son cabinet, Claude Jorda, Roland Le Roux-Cocheril, Juliette François, Philippe Ingall-Montagnier à la direction des services judiciaires.

directives pour le « tri du stock des affaires civiles », le « déroulement de la procédure », la « politique des renvois », c'est-à-dire du report des audiences, les « plaidoiries devant les magistrats rapporteurs », la « durée du délibéré », l'« allégement de la rédaction des décisions de justice » et la concertation. La méthode est pragmatique, sur le thème : « Si vous avez de meilleures idées, dites-le. » Le tout animé d'une volonté de transformation en profondeur des mentalités et des pratiques. « Ce ne sont pas des palliatifs conjoncturels qui sont nécessaires, mais la volonté d'inscrire à long terme un changement profond dans la conception et la mise en œuvre des méthodes de gestion et de procédure. » Cette politique que d'aucuns qualifient de « technocratique » souleva beaucoup de commentaires indignés de ceux qui, magistrats ou avocats, voyaient et voient encore l'œuvre de justice uniquement comme une œuvre d'art. Comment pouvait-on réfléchir ainsi et se préoccuper par exemple de la brièveté d'une motivation alors que son abondance pourrait être ressentie comme nécessaire à la perfection d'un jugement ou d'un arrêt ? D'autres, la majorité, comprirent qu'un petit jugement ou un petit arrêt vaut mieux que pas de jugement ou pas d'arrêt du tout. Car il existe un moment où, lorsqu'elle est trop décalée dans le temps, la décision judiciaire ne sert plus à rien.

Cette politique de rationalisation initiée par Robert Badinter fut suivie par tous ses successeurs, et particulièrement son successeur immédiat, Albin Chalandon, qui, venant de l'entreprise privée, fut effrayé par l'archaïsme judiciaire et s'institua en fervent continuateur de la politique du premier garde des Sceaux de gauche.

Le rapport de Jean-Marie Coulon se situe dans la droite ligne de ce courant réformateur qui pendant quinze ans a permis à la justice civile de ne pas sombrer. Naturellement, sa logique va plus loin, compte tenu de l'ampleur du mal. Elle s'applique à resserrer les boulons de la machine et à la lubrifier à tous les niveaux, de manière à ce qu'elle tourne mieux, plus vite et sans à-coups. Il en va ainsi du projet de professionnaliser l'accès aux juridictions et de rationaliser les écritures judiciaires. Une juridiction qui est obligée de prendre en vrac la demande des justiciables présentée par eux-mêmes ou par des mandataires incompétents est une juridiction qui perd du temps. L'avocat est là pour accélérer la procédure en la rendant immédiatement accessible aux magistrats. Voici pourquoi il est prévu d'avoir recours aux professionnels devant la cour d'appel et la Cour de cassation en matière de droit du travail, domaine qui y échappe. De même, les avocats ou les personnes attachés au service des entreprises auraient le monopole de représentation devant les tribunaux de commerce. Davantage de professionnels, certes, mais aussi plus d'exigences par rapport à leur travail. Les écritures judiciaires devront être mieux calibrées, juridiquement argumentées, récapitulées correctement. Leurs lacunes ou leur absence de dépôt dans les délais prescrits entraîne la caducité de la procédure en appel. Les pouvoirs des juges sont augmentés pour qu'une meilleure discipline soit observée par les auxiliaires de justice dans le déroulement du procès et par les experts dans les travaux préparatoires. Les procédures d'urgence seront renforcées, particulièrement en appel où les délais sont exagérés. Parallèlement à cette professionnalisation des procédures, celles-ci sont également simplifiées pour certains contentieux de masse, depuis la récupération de créance jusqu'aux divorces par consentement mutuel. Les modes alternatifs aux règlements de conflits sont encouragés, notamment en permettant aux transactions d'avoir la même autorité qu'un jugement exécutoire. La compétence des tribunaux est réaménagée en fonction de l'intérêt financier des litiges, et certains tribunaux se voient spécialisés dans des matières très techniques, comme les marques. Toute une panoplie de moyens est ainsi employée pour mieux régler la mécanique judiciaire.

Enfin et surtout, le rapport touche à un point essentiel de l'organisation judiciaire, celui de la collégialité et de l'effectivité de la décision de première instance avec un approfondissement du rôle de la cour d'appel.

À la recherche du temps perdu

De quoi s'agit-il ? Lorsque les révolutionnaires décident de ne pas introduire le jury dans les affaires civiles en 1790, ils structurent pour plusieurs siècles la nature de la procédure et la physionomie du procès civil en France. Sans jury, pas de procédure orale mais simplement un dossier écrit brièvement plaidé à l'audience. Napoléon, qui clôture la période de quinze ans du droit intermédiaire révolutionnaire, conserve le principe de la professionnalisation de cette justice civile. La collégialité, c'est-à-dire cette assemblée de trois juges qui rendent le jugement, vient en quelque sorte se substituer à cette absence des jurés qui pendant longtemps dans les pays anglo-saxons et encore aux États-Unis étaient ou sont présents au civil comme au pénal. Il a déjà été expliqué en quoi cette présence du jury civil dans les pays de *common law* a marqué la procédure en la rendant nécessairement orale, beaucoup plus longue, et en plaçant le juge dans une position qui est autant celle d'un arbitre que celle d'un décideur. En France, l'absence de jury civil (que voulait instaurer Clemenceau) est une circonstance historique qui a contribué à entretenir chez les professionnels du droit un grand attachement au maintien de la collégialité. Beaucoup y voient un gage démocratique de sécurité, la garantie d'un débat à l'intérieur de la juridiction et donc une plus grande attention portée aux intérêts du justiciable. Mais, comme il en va fréquemment des meilleures inspirations, la réalité les rend parfois bien artificielles. Toutes les affaires ne nécessitent pas cette pluralité des juges et, la charge de travail empirant, cette collégialité devient trop souvent une simple façade. En fait, un seul juge prend l'affaire, l'étudie et rédige le jugement, les autres se contentant d'opiner. L'hypocrisie des pratiques transformant ainsi de bonnes intentions en faux-semblants, la collégialité se traduit seulement par une mise à l'abri de l'auteur derrière l'irresponsabilité de l'œuvre collective. C'est la raison pour laquelle le législateur est intervenu pour permettre au président des tribunaux de décider que certains dossiers seront jugés par un juge unique (loi du 10 juillet 1970). Parallèlement, certains contentieux sont nécessairement traités par un seul juge, tels les accidents de la circulation (loi du 5 juillet 1985). En outre, l'expérience des tribunaux d'instance, héritiers des juges de paix, a prolongé en 1958 une exception à la collégialité qui n'a pas posé de problème majeur au justiciable. Enfin le développement du juge des référés, spécialiste de l'urgence, a montré à la satisfaction générale qu'un juge solitaire n'est pas forcément moins juste et moins efficace qu'une assemblée de trois juges. Reste que les juges eux-mêmes peuvent avoir besoin de se mettre à plusieurs quand une affaire difficile nécessite un long débat et des compétences multiples. Il en va de même parfois dans les matières urgentes. On l'a vu par exemple dans le référé initié par MM. Léotard et Gaudin contre MM. Rougeot et Verne, auteurs d'un livre les mettant gravement en cause.

Cette situation du droit et de sa pratique entraîne Jean-Marie Coulon à souhaiter la généralisation législative du juge unique devant le tribunal de grande instance, c'est-à-dire devant le juge du premier degré. Naturellement, la caporalisation n'est pas à l'ordre du jour. Chaque justiciable pourra demander la collégialité et les juges eux-mêmes la choisir d'office si l'affaire paraît la requérir. Des esprits chagrins diront : « Voilà bien un moyen de faire des économies de juges parce que l'État n'est pas capable d'en former et d'en payer suffisamment. Il est bien commode d'en utiliser un au lieu de trois. » La remarque est pertinente, mais n'est pas suffisante. Il existe des mesures qui parfois ont le double avantage d'être justes et d'être nécessaires. L'économie est parfois le moyen judicieux de traiter un problème. L'instauration d'un juge unique fait partie de ces moyens. D'autant plus que, n'étant pas obligatoire, elle ne lèse personne et que, de surcroît, elle permet de marquer la différence entre la première instance et la cour qui, elle, demeure toujours collégiale. Dans tous les pays de *common law*, il en va ainsi. Pas question de toucher à la pluralité des juges au deuxième degré de juridiction. Mais ce surcroît de solennité en appel doit aussi trouver une contrepartie ! Le jugement du tribunal ne peut demeurer un simple galop d'essai tandis que les choses sérieuses commenceraient juste avec l'appel. Le double degré de juridiction[1] ne doit pas signifier que le tribunal rend des décisions sans importance. Dans les pays de *common law*, la décision de première instance est généralement exécutoire immédiatement. Là encore, le système du jury imposait, ou impose encore, cette solution, sauf cas pathologiques qui peuvent être corrigés immédiatement par le juge de première instance lui-même ou celui de la cour d'appel s'il se trouve en face d'une aberration décidée par le jury. D'une manière générale, l'appel dans les pays de *common law* n'a pas toujours le même sens que chez nous. Dans les pays continentaux, il consiste systématiquement à reprendre tout de zéro et à laisser la cour juger comme si aucun jugement n'avait déjà été rendu. Beaucoup de pays anglo-saxons déclinent de multiples cas d'appel qui vont du maximum que nous connaissons ici au minimum qui s'apparente parfois à une simple révision, parfois sans audience publique, c'est-à-dire à une analyse nouvelle du droit et non pas des faits. De même que dans les affaires pénales, les affaires civiles avec un jury, comme aux États-Unis, donnent lieu à des arrêts de cour d'appel qui annulent un verdict et renvoient le plus souvent l'affaire en première instance. La cour d'appel des pays de *common law* fait parfois le travail de notre Cour de cassation. Il n'est pas question

1. Qui d'ailleurs n'est pas reconnu au civil par la Convention de sauvegarde des droits de l'homme au civil.

de bouleverser à ce point le système français, car la « double chance » est directement liée à l'absence de jury civil depuis la nuit des temps. Il est simplement question de recentrer le rôle de la cour d'appel en insistant autant si ce n'est davantage sur son rôle de contrôle plutôt que sur son rôle de nouveau juge qui repart de rien. L'idée fort intelligente du rapport Coulon consiste à dire : « Introduisons l'exécution provisoire de droit pour toutes les décisions[1] de première instance de manière à leur donner une plus grande autorité. » De manière aussi à responsabiliser le juge qui ne pourra plus se comporter de manière trop tranquille en se disant : « Moi je décide comme cela. Mais ce n'est pas grave, la cour d'appel passera derrière moi. » Réflexe humain. Réflexe qui devra être différent dès lors que l'exécution provisoire[2] est de droit. Mais, dans le même temps, organisons un appel devant la cour pour contrôler immédiatement cette exécution provisoire. La stratégie de Jean-Marie Coulon est donc de recentrer l'activité de la cour vers le contrôle. Normalement, l'exécution provisoire devrait diminuer le nombre d'appels car beaucoup d'entre eux sont le fait de justiciables pour lesquels un appel, quand ils ont perdu, est un moyen d'obtenir des délais, un point c'est tout. Cela s'appelle un « appel dilatoire ». Si l'exécution provisoire est systématiquement ordonnée, l'appel n'offre pas le même intérêt. Si, grâce à cette initiative, il est possible de réduire substantiellement le nombre des appels, il est dès lors également possible d'utiliser la force de frappe des cours pour contrôler d'urgence le sérieux et l'équité des jugements assortis de l'exécution provisoire lorsque le justiciable qui a perdu ressent une forte impression d'injustice. C'est là un moyen de filtrage. L'idéal serait donc de parvenir à ne donner à juger aux cours d'appel que des décisions

1. Sauf en certaines matières particulières comme l'état des personnes.
2. L'« exécution provisoire », comme son nom l'indique, est une mesure qui rend immédiatement applicable la décision judiciaire rendue, malgré l'appel qui peut en être fait par la partie qui a perdu.

véritablement erronées ou sévèrement suspectes de l'être. Plus solennelles, désencombrées, ces cours pourraient plus clairement jouer leur rôle de régulation vis-à-vis des tribunaux. Or le public oublie souvent que les dossiers des cours d'appel et, plus encore, de la Cour de cassation ne sont pas seulement destinés aux justiciables mais également aux juges eux-mêmes. Il s'agit d'une régulation interne. La Cour suprême des États-Unis, par exemple, qui rend moins de 100 décisions par an, au civil et au pénal, structure l'espace juridique américain et constitue un emblème permettant aux juges de se repérer. En France, les 170 000 arrêts des cours d'appel et les 28 000 décisions[1] de la Cour de cassation ne permettent pas la même lisibilité. Actuellement sur les 1 174 148 dossiers civils, 14,2 % ont fait l'objet d'un appel. Ce taux ne permet pas aux cours d'appel de jouer à la fois leur rôle de deuxième chance quand elle est réellement nécessaire et celui de régulation interne vis-à-vis des juridictions inférieures. Le problème, là encore, consiste donc à disposer d'un système de façade : le double degré de juridiction, qui ne remplit plus son rôle et contribue par des délais exagérés à favoriser les dénis de justice.

Une réforme pour qui ? Et pour quoi ?

Le drame est si grand que beaucoup de conseillers à la cour d'appel qui, de par l'organisation de la carrière, sont plus anciens et plus gratifiés s'ennuient devant cette tâche qui consiste à remâcher, pourrait-on dire, à ruminer le travail déjà froid fait par leurs collègues du tribunal à un moment où les intérêts en cause ont souvent été altérés par le temps qui passe. En revanche cette tâche de contrôle, et parfois dans l'urgence, peut stimuler

1. Dans les affaires civiles. il faut y ajouter les 47 000 arrêts en matière pénale.

davantage les magistrats des 33 cours d'appel. Beaucoup de juges anglo-saxons disent du métier de juge d'appel qu'il est très différent de celui de première instance. Peut-être que cette différenciation insuffisante est aussi la cause d'une certaine démobilisation dans quelques cours : on voit des magistrats ayant atteint la cinquantaine, sentant déjà leur retraite approcher, leurs possibilités d'avancement se réduire et leurs tâches répétitives de répétiteurs les ennuyer. On discerne peu dans les cours d'appel cet enthousiasme roboratif et fort efficace des jeunes équipes de juges qui, dans les petits ou moyens tribunaux de province, donnent le sentiment d'un désir militant de rendre service à leurs concitoyens, et qui voient leur juridiction comme une entreprise ou un cabinet de profession libérale. Les cours d'appel ont peu de projets. La morosité s'y installe, puis souvent la mauvaise volonté. La redéfinition du rôle des cours d'appel permettrait de redonner de l'intérêt à cette activité en utilisant sérieusement les compétences et l'expérience nécessaires pour jouer un rôle de contrôleur immédiat d'une décision de tribunal dont la nature reste vivante. Ces considérations sur la magistrature[1] entraînent des réactions compréhensibles. En fait, là encore, les esprits chagrins diront que ces initiatives auraient pour but de soigner la justice, pour les juges et non point pour les justiciables. Le citoyen de base se moque complètement du confort du juge. Si son métier l'ennuie, qu'il en prenne un autre ! Et si les cours ne sont pas capables d'assurer leur rôle parce qu'elles manquent de magistrats, le plus logique serait d'en recruter davantage. Après tout, les Allemands vivent dans un système d'appel proche du nôtre et leurs cours d'appel statuent dans des délais raisonnables.

Sur le chapitre allemand, il est vrai que la quantité de magistrats professionnels formés chaque année est considérable, de l'ordre de 350 personnes diplômées du grand examen d'État

1. Qui ne sont pas formulées par Jean-Marie Coulon.

contre une centaine en France. Il existe en gros deux fois plus de juges non professionnels en Allemagne et trois fois plus de juges professionnels pour une population d'un tiers plus nombreuse qu'en France. L'existence d'un système fédéral explique aussi cette distorsion du nombre car l'emboîtement des compétences dans un État fédéral multiplie les occasions de contentieux, donc le nombre de juristes. Malgré ces quantités considérables de juges, les cours d'appel allemandes commencent à craquer sous le nombre. Si les tribunaux de première instance rendent les décisions en trois ou quatre mois – c'est exceptionnel en Europe –, les cours statuent en moins de douze mois, ce qui, pour les Français, tient de l'exploit, mais pour les Allemands commence à devenir préoccupant d'autant que la durée du cursus moyen d'une affaire reste de l'ordre de cinq ou six ans depuis la première décision jusqu'à la dernière, celle de cassation. Se pose pour la justice un problème qui ressemble un peu à celui de la sécurité sociale. Faut-il ouvrir le robinet de la demande en grand et se contenter de la servir en fournissant des juges [1] pour la satisfaire ? Faut-il, au contraire, mieux définir les missions du service et fournir à cette demande un cadre de travail qui la structure mieux ?

Dans son traitement du rôle de la cour d'appel, le rapport Coulon entraîne discrètement la réflexion sur cette voie. Qu'est-ce qu'une cour d'appel ? Quel est son rôle ? La même interrogation s'applique à la Cour de cassation. Il existe un moment où la réflexion offre-demande ne présente plus aucun sens. Il devient obligatoire de penser au rôle d'une institution. Recruter 360 magistrats pour la Cour de cassation au lieu des 180 actuels

1. Allemagne : 22 200 juges du Siège professionnels ; 5 415 parquetiers ; 50000 juges non professionnels. France : 7 526 juges professionnels : 6 197 judiciaires, dont 1 800 parquetiers, 713 administratifs et 616 juges des comptes (Cour des comptes et chambres régionales) ; 20 101 juges non professionnels (14 646 aux prud'hommes, 210 aux tribunaux de la sécurité sociale, 3 273 aux tribunaux de commerce, 1 972 aux tribunaux des baux ruraux).

pour parvenir à traiter 45 000 pourvois au lieu de 27 000 procède d'un grave aveuglement. Plus la Cour de cassation rend de décisions, moins elles sont lisibles, moins elles servent à réguler les juridictions inférieures et donc moins la juridiction suprême française remplit son rôle. Notre justice a pendant si longtemps tellement manqué de moyens que, par une réaction compréhensible (encore une), la politique des moyens devient la solution universelle. Les médecins savent que l'anorexie n'est qu'une forme de boulimie, et l'idéologie des moyens supplémentaires reste aussi stupide que scandaleuse leur absence. Ainsi, réfléchir à la mission de la Cour de cassation comme à celle des cours d'appel ne consiste pas à chercher le confort du juge au détriment du justiciable, mais au contraire à servir le justiciable en cadrant sa demande en fonction d'une définition du service qui doit lui être rendu.

Les conditions d'un succès

Le rapport Coulon se situe dans la ligne de cette analyse. Il mériterait d'être pris tel quel et appliqué pour une fois sans rabotage. Manque-t-il quelque chose ? Certainement, dans un domaine qui échappait à sa mission. Tout d'abord, pour que le système de l'exécution provisoire fonctionne et soit accepté, il conviendrait d'être capable de résorber les retards des cours d'appel pour qu'elles puissent efficacement intervenir dans l'urgence. Or, pour remettre les compteurs des stocks à niveau, seule une intervention extérieure est possible. Cela consisterait pendant trois ans à engager en surnombre des magistrats en quantité suffisante pour dégager l'encombrement des cours, et plus particulièrement de manière massive dans des cours sinistrées, telles celles de Douai, Versailles, Montpellier, Aix. 200 magistrats seraient nécessaires. Pourquoi ne pas les prendre parmi les juges parvenus à la retraite ou parmi les conseillers extraordinaires venant de l'extérieur ? Les textes existants, votés depuis dix ans, rendent parfaitement possible cette initiative. Coût de l'opération : environ 100 millions par an pendant trois ans. La République peut-elle s'offrir cette enveloppe pour remettre ses cours d'appel à flots ? Le traitement des magistrats représente environ 2 milliards par an, charges comprises. Quel parlement oserait refuser une telle aumône à sa justice ?

La deuxième condition de succès dans la réforme Coulon tient aussi essentiellement à la manière dont les magistrats joueraient le jeu. Juge unique pour beaucoup d'affaires, oui. Mais la contrepartie devra être de pouvoir déployer mieux l'activité judiciaire quand le dossier l'exige pour redonner au procès civil l'attrait du procès pénal. C'est possible déjà avec l'enquête civile qui permet au tribunal civil de recueillir verbalement des dépositions de témoins. Mais cette méthode procédurale pratiquement tombée en désuétude n'est pas encore suffisante. Dans les grandes affaires, si l'on veut que le justiciable se dirige moins vers les juridictions pénales, il faut, ainsi qu'il a déjà été expliqué, leur donner au civil un spectacle de même qualité cathartique. La jurisprudence est en train d'organiser cette transposition dans les affaires de presse parce que, tout à coup, la Cour de cassation, sans forcément se rendre compte de ce qu'elle faisait, vient de décider que les règles particulières de la loi sur la presse de 1881 devraient s'appliquer si la personne diffamée choisissait de placer sa demande devant le tribunal civil plutôt que devant le tribunal correctionnel. Sans doute est-ce la volonté de plaire qui a entraîné la Cour suprême à se montrer si attentive aux revendications de la presse. Rien ne s'opposerait à ce que la Cour de cassation, s'intéressant cette fois, par exemple, aux victimes d'homicide involontaire, trouve le moyen de remettre toutes ces affaires dans leur lit naturel, c'est-à-dire celui du civil, en donnant en cette occasion aux victimes le même avantage que devant le tribunal pénal. Ce serait le seul moyen d'éviter la marée pénale qui menace aujourd'hui la République ! Il faut redonner au procès civil dans certains cas particuliers le lustre d'une véritable procédure orale, avec dépositions de témoins et instruction à l'audience. Nul besoin de loi pour cela. L'astuce des juristes, si vive lorsqu'ils veulent quelque chose, peut parfaitement s'exercer sur ce thème, et à défaut seulement la volonté du législateur.

Mais le sens des responsabilités dans la judicieuse utilisation du juge unique ou de la collégialité devra aussi se manifester dans le choix des hommes et par un minimum de discipline. Le mythe du juge indépendant, nouveau héros romantique, méditant solitaire sa décision sur son rocher, attendant qu'une inspiration quasi divine vienne guider sa pensée vers la justice, restitue mal la véritable nature de la fonction. Un tribunal, une cour rendent bien ou mal la justice selon la qualité de l'équipe des juges qui les composent, leur cohérence, leur discipline. Comme avait coutume de le dire Pierre Lyon-Caen, haut magistrat proche conseiller de Robert Badinter, « la Constitution prévoit l'indépendance de l'autorité judiciaire, mais pas l'indépendance des juges les uns vis-à-vis des autres ». Pour que le « système Coulon » fonctionne, il faudra deux conditions majeures. La première sera le choix judicieux des juges uniques. Trois affaires sinistrées comme celles du jugement de Toulon contre le groupe rap NTM, et la réforme sera torpillée. C'est au président de chaque tribunal de choisir ses hommes et d'exercer suffisamment d'autorité pour écarter ceux qui ne sont pas faits pour certaines tâches. Si les juges uniques ne se révèlent pas d'une extrême qualité, point de progrès. Un jugement réformé par la cour devra systématiquement être examiné par le responsable de la juridiction de premier degré afin d'en tirer les conséquences sur l'organisation du service. Quant aux cours d'appel, il est clair que si, dans les six premiers mois de la mise en œuvre de la réforme, les cours ne sont pas capables d'organiser le contrôle d'urgence sur l'exécution provisoire, rien ne sera possible. Vouloir recaler l'ensemble des contentieux vers la première décision suppose que les cours d'appel jouent le jeu et rendent effectif le contrôle d'urgence sur l'exécution provisoire.

Mais, pour cela, encore faudra-t-il que la carte judiciaire soit modifiée. Il existe un ratio de l'optimum des tailles des juridictions et des ressorts. Tous les spécialistes savent, par exemple, que la cour d'Aix est une des plus malades de France parce que pléthorique, donc difficilement gérable. Même une opération de commando pendant trois ans avec une arrivée massive de magistrats supplémentaires temporaires ne résoudrait pas durablement les problèmes. Tout le monde sait qu'il manque une cour d'appel dans la région de Nice. Pourtant, rien ne se fait, les autorités locales d'Aix-Marseille vivant comme une véritable humiliation politique l'idée d'extraire des contentieux, même d'un endroit où ils sont mal traités pour cause d'étouffement. Le cas du débat Aix-Nice se retrouve dans de multiples endroits du territoire, avec la même problématique que l'on voit se développer en de multiples occasions pour les casernes, les hôpitaux et même les commerces. En France, aujourd'hui, l'analyse fonctionnelle ne constitue pas encore la base des raisonnements, ni dans le milieu médical, ni dans l'enseignement, ni dans l'organisation judiciaire.

Cette réforme de la carte est également la condition d'une meilleure spécialisation des juridictions dont le rapport Coulon évoque prudemment la nécessité. Le 15 janvier 1997, Jacques Toubon a lancé une grande consultation nationale sur la carte judiciaire auprès des 33 cours d'appel, des préfets de région et de département. Cette consultation concerne aussi les auxiliaires de justice, les fonctionnaires, les partis, les élus et les administrations déconcentrées. La réponse est en cours de traitement au moment où ce livre est mis sous presse. Cette consultation est sans précédent parce que, en réalité, il s'agit de tenter de procéder à la synthèse des attentes de tout le milieu judiciaire, administratif, politique local, depuis l'avocat de base jusqu'au député en passant par les chambres de commerce, d'agriculture, d'industrie, des métiers, et les syndicats. Cela signifie lire une sorte d'énorme cahier de doléances pour tenter d'y voir clair et de proposer au Parlement des orientations. Malheureusement, les promesses du garde des Sceaux de l'époque, Jacques Toubon, politiquement bien compréhensibles, laissent peu d'espoir de progrès puisqu'il est exposé « qu'elle [la consultation] ne vise aucunement à enclencher un processus de modification qui ne ferait pas l'objet d'un total consensus de l'ensemble des parties prenantes, et notamment des élus, des autorités judiciaires et des auxiliaires de justice ». On sait malheureusement que les intérêts des diverses parties prenantes divergent et que le consensus ne sera jamais atteint. Il reste aussi que le progrès général de l'institution ne pourra s'accomplir à défaut de cette refonte qui provoque la douleur de la chirurgie sans anesthésie.

Une idée, un sou !

Enfin, dernier élément, la réforme Coulon s'enchâsse aussi dans tout un ensemble d'éléments, fruit des efforts du ministère de la Justice et des gardes des Sceaux depuis une quinzaine d'années au sein de la « direction des services judiciaires » et de ce que l'on appelle le plan de modernisation de la justice. C'est Pierre Méhaignerie qui a mis en place le programme pluriannuel sur la justice en mars 1993. Pour augmenter les capacités de jugement, des magistrats non professionnels sont recrutés à titre temporaire. Dans les tribunaux et des cours d'appel, des assistants de justice, c'est-à-dire des collaborateurs (enfin), sont embauchés pour aider les magistrats ; les audiences foraines sont augmentées (c'est-à-dire des audiences d'un tribunal itinérant). Un plan de recrutement des fonctionnaires est mis en place. Les résultats sont encore insuffisants si l'on sait qu'entre 1995 et 1997 le nombre des juges est passé de 6 029 à 6 117 et celui des fonctionnaires de 18 639 à 19 173. En revanche, les palais commencent à se moderniser puisque 78 000 m^2 ont été rénovés en 1996 contre 18 000 en 1994. Pendant des dizaines et des dizaines d'années, l'administration de la justice est restée tellement flasque que la machine elle-même n'arrivait pas à utiliser son carburant financier. Le directeur de cabinet d'Henri Nallet, Jean Nestor, arrivant dans ses fonctions en octobre 1990, découvre avec stupéfaction que des lignes de crédit, notamment en matière d'équipement, vont tomber en fin d'année faute d'avoir été utilisées. La situation était tellement catastrophique que des méthodes dignes du Secours catholique dans les pays d'Afrique (« donner pour un puits » !) étaient utilisées par l'administration. Des mesures de modernisation assumées par un remarquable magistrat, Marie-Pierre de Liège, en 1989, étaient destinées à distribuer de tout petits crédits sur des projets innovants trouvés dans les boîtes à idées des juridictions. Avec de très minces budgets de quelques millions de francs, on grappille, ici pour offrir des stores aux secrétaires du ministère aveuglés par le soleil dans l'aile sud, ici deux ordinateurs supplémentaires au tribunal de Fontainebleau, là le financement d'un service intégré pour mineurs. Variant entre l'organisation de la modernité et la prime à l'innovation, voilà où en était arrivée la justice. Mais ces expérimentations de bouts de ficelle n'ont pas été inutiles. En réalité, pour faire redémarrer une machine endormie, il est pratiquement nécessaire de commencer par le commencement : une idée, un sou. C'est un peu la démarche du nouveau plan pluriannuel qui devait être « gonflé » par le projet Chirac. Mais l'enveloppe demeure toujours médiocre et les perspectives faibles malgré les 4 % de vraie augmentation du budget de la Justice en 1998. Toujours 1,55 % du budget de la nation (24,867 milliards). Comment convaincre les politiques que la justice « c'est pas cher et ça peut rapporter gros » ?

Une politique pour la justice

(Vous avez dit « grand soir » ?)

« Surtout ne bouge pas, ça ne sert à rien, tu n'auras que des emm... » dit un ancien garde des Sceaux, Maurice Faure, au bizuth Henri Nallet quand celui-ci prend ses fonctions place Vendôme [1]. Expression de sagesse d'un homme pétri de culture républicaine et dénué de cette ambition maniaque qui souvent déshumanise les politiques. Il est vrai que les fonctions de garde des Sceaux constituent le cimetière de beaucoup de carrières. René Pleven, Jean Taittinger, Jean Lecanuet, Olivier Guichard, Albin Chalandon, Pierre Méhaignerie, Henri Nallet ont connu leur chant du cygne politique dans ce poste. Nous verrons si Jacques Toubon s'en remet. Les seules exceptions à ce massacre concernent deux personnalités fort différentes qui n'étaient pas des hommes politiques : Robert Badinter, avocat dont le magistère moral s'exerce encore et qui présida ensuite le Conseil constitutionnel ; et Pierre Arpaillange, haut magistrat dont l'avènement aux fonctions de ministre de la Justice faisait figure de terminus. Il existe deux raisons à ce désastre.

La fosse à moustiques

La première tient à ce que, pour un politique, la justice est une véritable fosse à moustiques. Il y découvre de multiples

1. Henri Nallet, *op. cit.*, p. 224.

corporations hostiles, enfiévrées par des haines ancestrales, divisées sur tout, incapables d'être d'accord sur rien : même avec elles-mêmes.

Personne ne peut vraiment parler « des avocats » par exemple. Regroupés en 181 barreaux, donc 181 ordres, ils ont donc vocation avec 181 bâtonniers à se comporter en Gaulois, ce qu'ils font d'ailleurs. Au cas où cette division interne serait encore insuffisante, voici la panoplie des syndicats avec un clivage des jeunes et des vieux (Union des jeunes avocats) regroupés en une fédération qui n'est pas toujours d'accord avec la base. Trois syndicats se disputent des militants rares, sauf à gauche. Et ces syndicats, rarement d'accord entre eux, le sont encore moins en bloc et en détail avec leurs ordres. 40 % des avocats se trouvent à Paris, mais leurs organes représentatifs ne sont pas en harmonie avec l'organe représentatif de la province, la « Conférence des bâtonniers », tandis que Lyon, Marseille, Aix, Bordeaux et quelques autres grandes villes se regroupent dans l'Association des grands barreaux, introduisant le concept de « taille moyenne » dans la réflexion professionnelle. Enfin, le Conseil national des barreaux, créé en 1990 pour unifier la profession, n'aboutit pour l'instant qu'à créer une division de plus. Population prompte à s'emballer, sujette à de grandes paniques feintes ou organisées, les 32 000 avocats ne constituent aucunement une force unie sur laquelle s'appuyer pour faire une politique, mais, le plus souvent, une capacité de nuisance dans laquelle tout le monde se retrouve s'il s'agit de dénigrer le garde des Sceaux, représentant d'un État pingre, toujours désireux de tondre un œuf et de réduire leurs franchises.

Du côté des magistrats, la situation n'est guère meilleure : trois syndicats, APM à droite, USM au centre et majoritaire (plus de 53 %) et SM à gauche. Organismes qui sont autant de machines pour l'avancement des carrières. Ils gèrent leur politique un peu au jour le jour, souvent dirigés par de très jeunes gens qui ont trouvé là un moyen commode d'exercer un semblant d'activité politique sans l'incommodité du suffrage universel. Syndicalisme vraiment très spécial qui ne ressemble en rien aux autres, celui du monde ouvrier par exemple. Ces syndicats sont le plus souvent incapables de conclure un accord sur quoi que ce soit, faute de maturité et de solidité de leur base. L'esprit gaulois animant les avocats se retrouve également chez les juges avec des habits différents. Enfin, n'oublions pas les syndicats de greffiers et de fonctionnaires de justice animés par les courants traditionnels. Faut-il ajouter que l'ensemble de cette population n'est aucunement d'accord non plus sur rien, que l'on évoque le sujet horizontalement ou verticalement, qu'il s'agisse du recrutement, de la formation des juges, de la carte judiciaire, de la procédure pénale, ou de tout autre sujet de fond qui affecte la magistrature et la justice ? Lors de la grande grève qui vit renaître, dix ans après la grande jacquerie contre la loi Sécurité et liberté d'Alain Peyrefitte, une intersyndicale justice en 1990, le monde judiciaire montra sa capacité à créer un mouvement de foule dont la seule unité ne se manifestait que par l'hostilité commune des gens de robe aux politiques. Cet embrasement se consuma de lui-même par des cris et des bruits de pieds dans le Palais de justice de Paris, devant des CRS interdisant le passage des manifestants vers la Cour de cassation où François Mitterrand prononçait un discours serein. Un magistrat représentant un syndicat, Claude Pernollet, reçut un petit coup de matraque sur le front, signant par une goutte de sang cet encanaillement des gens de justice dans une rue symbolisée par les larges couloirs du Palais, comme les ruelles de la ville virtuelle construite sur le toit du château de Chambord. Chaque garde des Sceaux se retrouve en face de ce corps judiciaire encore à l'état de « bouillie primitive », suffisamment fort pour torpiller toute idée nouvelle, insuffisamment mûr et structuré pour constituer le socle et l'appui d'une politique. Dans ces conditions, chaque mouvement du garde des Sceaux risque de créer des orages et, comme le dit Maurice Faure, la sagesse serait de rester immobile.

C'est d'ailleurs l'objectif des corporations judiciaires réunies dans une seule revendication : plus de moyens. Ce qui est tout sauf la définition d'une politique. Car pas de politique, pas d'argent. Comme personne n'est d'accord sur rien, l'argent ne vient guère, sauf pour les prisons puisque à cet égard la représentation nationale de droite l'a voulu. Albin Chalandon le comprit parfaitement en tendant immédiatement la main au Parlement pour obtenir des crédits pour l'administration pénitentiaire. Ces difficultés tiennent naturellement, là encore, au sous-développement historique français qui émiette les professions, les divise et ne peut les solidariser que sur des slogans très généraux. Elles tiennent aussi à la structure mentale des juristes qui, d'une manière générale, sont très conservateurs. Le juge, comme l'écrivait Antoine Garapon, fondateur de l'Institut des hautes études sur la justice[1], est « le gardien des promesses[2] ». Quoi de plus naturel que de le voir conservateur puisque, précisément, son métier est de « conserver » ? Quant aux avocats, même avec des déclarations ou des attitudes conquérantes ou révolutionnaires, ils vivent un difficile équilibre dans un marché encore insuffisamment développé et solvable, menacé d'être dévoré par les professions comptables. Toute modification de la machine leur donne des sueurs froides et leur paraît menacer une activité dont ils s'imaginent qu'elle côtoie tous les jours les précipices. Traditionnellement conservateur dans tous les pays du monde, le milieu judiciaire montre en France les stigmates particuliers de son grand retard historique.

Quatre chevaux écarteleurs

Mais, par-delà ces caractéristiques, les gardes des Sceaux sont véritablement écartelés à quatre chevaux tirant leurs membres

1. Avec Hubert Dalle, aujourd'hui président du tribunal de Lyon.
2. Antoine Garapon, *Le Gardien des promesses*, Paris, Odile Jacob, 1996.

aux quatre points cardinaux de la société française. Le premier cheval se nomme « puissance du droit ». Il tire le ministre vers la reconnaissance de la nécessité d'une juridicisation plus forte de la société française nantie de juges plus solides, plus légitimes, à l'autorité renforcée. Le deuxième cheval s'appelle « jacobin [1] » et tire dans le sens inverse avec tout ce que la classe politique peut entretenir de haine atavique contre la magistrature et tout ce que l'administration française recèle de méfiance à son égard, tant à la Cour des comptes qu'au Conseil d'État et à l'Inspection des finances. Le dernier exemple connu de cet écartèlement fut donné par Henri Nallet, désireux en 1991 de créer une grande direction générale du droit à la Chancellerie à partir de la fusion entre la direction des affaires civiles et la direction des affaires criminelles. Ces deux directions du ministère de la Justice, comptant respectivement 240 et 70 personnes, perdent leur substance et s'épuisent à gérer le droit dans deux tiroirs inappropriés. Les uns s'occupent du tiroir civil et les autres du tiroir pénal. Henri Nallet avait envisagé « une répartition du travail plus transversale qui aurait regroupé les équipes des magistrats par sujet : droit de l'entreprise, droit pénal et politique criminelle, [...] permettant à chaque secteur d'avoir une vue d'ensemble de sa responsabilité. Ceux qui préparent la loi auraient travaillé dans la même unité que ceux chargés d'en assurer l'application quotidienne [...]. Schéma cohérent qui avait la faveur des spécialistes de l'administration publique qui se sont penchés depuis dix ans sur le fonctionnement bizarre de la Chancellerie [2] ». L'idée sous-jacente du projet consistait évidemment à créer une force de frappe susceptible de constituer un véritable pôle juridique dans l'État « dont le ministre de la Justice devait être le porte-parole naturel sous le contrôle du

1. Par « jacobin » (par référence aux révolutionnaires), on entend une position politique favorable à la centralisation étatique et administrative, hostile à tout pouvoir judiciaire et méprisante vis-à-vis du juriste.

2. Henri Nallet, *op. cit.*, p. 232-233.

gouvernement ». Mais ce projet d'organisation nouvelle heurtait l'État administratif que nous connaissons encore aujourd'hui malgré sa maladie. La perspective pour chaque administration centrale de perdre son pouvoir de fabriquer toute seule ses lois dans son coin fit l'effet d'une gousse d'ail sur un vampire. Hauts fonctionnaires, à commencer par le secrétaire général du gouvernement, conseillers d'État, membres des cabinets ministériels qui sont hauts fonctionnaires eux-mêmes torpillèrent proprement le projet. Pas question de donner du pouvoir au ministère de la Justice pour qu'il devienne le point de passage obligé de l'étude et du suivi des lois. Le jacobinisme français hostile au juriste et au juge se manifeste toujours. Il n'est plus capable de produire grand-chose, mais toujours en mesure d'exercer une sorte d'accaparement d'un pouvoir d'autant plus précieux qu'il paraît lui échapper.

Tout bon esprit se gausse de l'absence de l'expression « pouvoir judiciaire » dans la Constitution de 1958. En fait, seules trois Constitutions françaises, brièvement appliquées, la comportent : celles de 1791, 1795 et 1848. Mais qui sait que le cas d'école classique oppose sur le sujet le Conseil d'État avec les magistrats de l'ordre judiciaire ? Le pouvoir judiciaire n'est que l'autorité judiciaire puisque le Conseil d'État vit son destin à part. Et comme il n'est pas seulement juridictionnel, mais aussi administratif avec son rôle de conseil du gouvernement, *exit* le concept de pouvoir judiciaire. Débat qui n'est pas ancien, pas plus qu'académique, puisqu'il s'illustra encore au sein de la commission Vedel[1] en janvier 1993 par des dialogues très riches entre le vice-président du Conseil d'État, Marceau Long, et le Premier président de la Cour de cassation, Pierre Drai.

Cet écartèlement du garde des Sceaux se manifeste aussi dans l'attitude ambiguë de la représentation nationale. D'un

1. Nommée par François Mitterrand en novembre 1992 pour étudier la révision de la Constitution.

côté, la sagesse recommande de donner des moyens à l'institution, de payer davantage les juges et de conforter aux yeux du public leur plus grande force et indépendance. Mais, d'un autre côté, quelle est donc la légitimité de ces jeunes gens qui, comme l'explique Georges Kiejman, décrochent « un permis de juger » au bout de deux ans d'une école d'application technique ?

Plus d'indépendance encore, peut-être, mais comme la classe politique n'est pas encore capable de comprendre la différence entre un juge et un membre du Parquet, parce que notre culture passéiste confond les deux fonctions par une aberration historique, on ne bouge pas.

Voilà pour deux des membres du ministre et les deux premiers des chevaux du bourreau fouettés en sens inverse.

Les deux autres membres et les deux autres chevaux écarteleurs se nomment d'un côté « réforme » et de l'autre « corporatisme ». Ce second type d'écartèlement est d'ailleurs préparé par le premier. D'un côté, le pouvoir politique et nombre de magistrats souhaitent des réformes profondes, de l'instruction pénale, du recrutement, de la formation des juges et des parquetiers, des procédures ; mais, de l'autre, la plupart des syndicats de magistrats, un certain « marais » dans le milieu des juges, redoutent tout changement par peur de perdre les « acquis ». Dans la mesure où le premier écartèlement laisse planer une forte ambiguïté sur le chemin que les politiques veulent vraiment faire prendre à l'autorité judiciaire, le second écartèlement s'accélère puisque tout changement est vécu comme une castration ou une agression par des magistrats agrippés à leurs outils barbares au pénal ou accrochés comme à une bouée à leur école ou à leur corps unique.

Ainsi, quand Maurice Faure conseille à Henri Nallet de ne rien faire, il traduit très précisément la situation tragique du garde des Sceaux. Tout mouvement dans un sens d'un des chevaux réveille le cheval opposé qui tire dans l'autre sens, et le supplice commence. Ne pas bouger du tout est la seule assurance de tranquillité. Percevant rapidement les dangers s'ils ont le sens politique, mais conservant cependant l'ambition d'agir, les ministres se font vite vendre par leur entourage la planche de salut des « petits pas ». Un petit (tout petit) bout de réforme de la procédure pénale, une mince tentative de départementalisation de la carte judiciaire, une once de modification du recrutement, l'esquisse d'un essai pour modifier les carrières, une petite réforme du Conseil supérieur de la magistrature. Tout cela a été essayé. A échoué, soit parce que le mouvement était, même minuscule, trop fort et réveillait le cheval écarteleur (c'est ce qui s'est produit avec la procédure pénale depuis dix ans et avec la carte judiciaire en 1991), soit parce que le mouvement proposé était imperceptible et jugé négligeable, comme avec les tentatives de Henri Nallet et de Pierre Méhaignerie pour aérer le recrutement de la magistrature.

La faillite des petits pas

Voici ce qu'écrit Henri Nallet de cette méthode : « Il est devenu nécessaire de rompre sur cette question avec le réformisme progressif. J'ai pratiqué, par conviction et par raison, cette méthode du pas à pas qui conduit les réformes les unes après les autres, selon une vue d'ensemble qui n'apparaît si le temps le permet qu'au terme d'un long et difficile cheminement [...]. Bref, nous ne sortirons de la crise qu'en organisant ce que les astrophysiciens appellent un big bang créateur, ou ce que les négociateurs internationaux nomment *package deal*, ou plus simplement un contrat global[1]. » Dommage que l'avant-dernier ministre de la Justice de gauche n'ait pas compris cela avant d'arriver à la Chancellerie mais après son départ. Délicieuse surprise à constater que l'homme politique qui a saisi

1. Henri Nallet, *op. cit.*, p. 224.

cette leçon est le président de la République actuel, Jacques Chirac. Ravissement devant la remarquable et absolument unique disposition du ciel politique qui pourrait voir un président de droite et un ministre de la Justice de gauche réunis dans un consensus pour appliquer une politique que tous les spécialistes tentent de promouvoir sans succès depuis quinze ans. « Il nous faut des accords Matignon pour la justice[1]. »

Pourquoi et comment ? Revenons aux quatre chevaux qui écartèlent le ministre. « Puissance du droit » contre « jacobin », « réforme » contre « corporatisme ». Cet écartèlement ne peut cesser que si le jacobin et le corporatiste se calment, l'un parce qu'on l'aura remis à sa place, l'autre parce qu'il aura reçu un picotin. Comment peut-on imaginer un instant qu'un gouvernement puisse être crédible et faire valoir la pureté de ses intentions s'il ne met pas sur la table de l'argent pour la justice de façon visible, donc en quantité suffisante, et s'il ne restaure pas dans la nation le rôle du juge et du juriste ? Comment faire saisir aux juges que leur recrutement et leur formation ne sont plus adaptés à la puissance qu'ils possèdent si cette puissance n'est pas reconnue, dite et désirée ? Comment faire comprendre que la figure du juge ne peut être brouillée avec celle du Parquet si l'insertion du Parquet dans l'appareil répressif policier est insuffisante et si le juge a encore besoin de l'autorité du Parquet pour soutenir la sienne comme jadis ? Comment rendre légitime l'organe de nomination, le Conseil supérieur de la magistrature, si les politiques se résignent à être tenus à l'écart avec des pincettes et éloignés le plus possible de ce sanctuaire, à la différence de ce qui existe dans toutes les autres démocraties ? Comment faire accepter la profonde transformation de notre procédure pénale et des règles assurant la présomption d'innocence tant que toucher à cet appareillage désuet signifiera encore protéger les puissants des rigueurs de la loi pénale ? Comment

1. Daniel Soulez Larivière, *Justice pour la justice*, Paris, Éd. du Seuil, 1990.

convaincre de la nécessaire suppression du juge d'instruction tant que l'image du juge qui se dessine derrière cette révolution ne sera pas vécue comme plus forte sans cette confusion des tâches de demi-juge, demi-policier, de demi-Maigret demi-Salomon[1] ? Comment plaider que notre procédure pénale qui expose le juge à apparaître comme un accusateur flétrit son image au lieu de la magnifier ?... Comment si personne ne le dit et si le politique n'accueille pas avec sincérité ce personnage puissant et nouveau dépouillé de ses attributs visibles d'inquisiteur ?

De l'audace, toujours de l'audace !

Aujourd'hui, la prudence se niche dans l'audace pour des raisons de fond et des raisons tactiques.

Au fond, c'est une sottise d'imaginer que la place du juge peut être changée sans que ce soit dit et sans un minimum de solennité. Restaurer cette place implique nécessairement une transformation en chaîne de l'ensemble des éléments qui concourent au fonctionnement judiciaire et juridique. L'enseignement est lié à la formation, qui est liée au recrutement, lui même lié à la place des juridictions administratives, commerciales et judiciaires. Mais le recrutement des hommes dépend lui-même également des rémunérations et de leur modulation puisque, naturellement, on ne pourra attirer de vocations extérieures que si l'on paye suffisamment des hommes et des femmes qui ont réussi et veulent venir à la magistrature sans perdre la moitié de leurs revenus et sans même pouvoir payer leurs impôts de l'année passée. Le rôle du ministère de la Justice ne peut prendre de l'ampleur que si sa réforme profonde est envisagée pour vraiment donner dans l'État et l'administration le pouvoir aux juristes sur le droit et

1. Pour reprendre l'expression de Robert Badinter.

obliger les administrateurs à se servir d'eux. L'efficacité des transformations des procédures civiles dépend d'une réforme de la carte judiciaire, qui elle-même conditionne et la rationalisation de l'utilisation des moyens et la spécialisation suffisante des tâches de la magistrature. La dépénalisation de la société française implique un travail en profondeur pour substituer à la régulation violente une régulation pacifique. Mais la formation de ce personnel juriste qui doit irriguer la société tout entière est elle-même reliée à la formation commune des avocats, juges et juristes d'entreprise.

Raison de fond, mais raison tactique aussi. Dans toute négociation, le troc est un élément décisif. C'est ce qu'avait commencé à comprendre François Mitterrand. C'est ce qu'a manifestement compris aujourd'hui Jacques Chirac. Faute de prendre le problème globalement, il n'existe aucune concession possible. Même le narcissisme se gère par rééquilibrage. Tant que les gouvernements essaieront par exemple de réformer l'instruction pénale toute seule, ils se heurteront au lobby des 560 juges d'instruction, comme on l'a vu en 1993. Et ils n'obtiendront aucun soutien des autres juges, qui ne verront pas du tout de motif pour se mobiliser et contredire des collègues dans une situation de pouvoir ambiguë et incertaine. Mais si cette réforme se situe à l'intérieur d'un « paquet », la situation est toute différente et le lobby en question se trouvera isolé. De même, par exemple, une sérieuse revalorisation des traitements, nécessaire pour attirer un recrutement extérieur, peut elle-même faire accepter par le corps actuel ce principe nouveau qu'il refuse aujourd'hui. Tout concourt à favoriser ce mouvement global.

Au contraire, et c'est là que la prudence est dangereuse, que va-t-il se passer si la politique des petits pas est encore adoptée ? Rien de moins que le triomphe du corporatisme judiciaire conduisant nécessairement la démocratie française à un clash avec ses juges comme voici deux cents ans sous des formes différentes. Promouvoir cette politique de détails relève d'une grande naïveté.

Il est vrai qu'aujourd'hui le *nec plus ultra* politique consiste à dissimuler des dispositions invisibles dans les textes, notamment de lois de finances. Cette tactique est impensable à l'encontre des juristes, surveillants pointilleux et spécialisés du *Journal officiel*. Cette méthode étant abandonnée, reste celle qui, par exemple, avait été imaginée par Michel Sapin en 1993. On commence par dire que la réforme du Code de procédure pénale touchera des dispositions dont le changement est médiatiquement populaire. Ainsi de la suppression des immunités de juridiction pour les politiques élus et certains hauts fonctionnaires [1]. Après avoir annoncé cela, on tente dans la foulée de faire passer une autre petite réforme de l'instruction. Résultat : les douceurs restent (suppression des immunités) et la réforme de l'instruction casse (abrogation de la loi de 1993 par la droite). Dans le même temps, puisque c'était promis, la réforme du Conseil supérieur de la magistrature est votée. Résultat : en octobre 1997, aucune réforme de fond n'est effectuée sur rien, mais satisfaction est donnée au corporatisme judiciaire avec un organe totalement dominé par le principal syndicat des juges, l'USM. Contrepartie : zéro.

Ce schéma peut se répéter. Déjà le gouvernement nouvellement arrivé au pouvoir en juin a admis l'indépendance des parquets. Mais il n'a rien exigé en retour en matière de procédure pénale et ne s'est pas prononcé sur la réforme du Conseil supérieur de la magistrature destinée à le rendre plus légitime. Le Premier ministre, Lionel Jospin, s'est contenté d'évoquer la responsabilité des magistrats du Parquet, sans méthode pour la mettre en œuvre. À force d'organiser la politique en course des Curiaces contre les Horaces, on sait bien ce qui va en résulter : tout ce qui est valorisation corporatiste sera pris ; rien de ce qui représente un effort demandé au corps judiciaire ne sera retenu.

1. Avant 1993, les élus et fonctionnaires locaux ne pouvaient être jugés dans leur circonscription.

Ceci d'autant plus que l'opinion publique, peu informée, ne voit guère les enjeux du débat et se laisse bercer par les hymnes médiatiques qui célèbrent la nouvelle indépendance des juges, Siège et Parquet confondus, et structurent la pensée publique par des lieux communs tous blancs et noirs, issus de la réaction à l'histoire. Faute d'ampleur et d'explications jouant sur plusieurs tableaux, le débat politique est étouffé. La marge de discussion s'étrique. Le seul résultat de cette infirmité politique est la montée en puissance progressive d'un système judiciaire archaïque, incapable de se réformer, complètement fermé sur lui-même, crispé sur des procédures vieillottes et brutales, provisoirement porté aux nues et fatalement condamné à l'explosion soudaine parce qu'il se sera rendu odieux. Pouvoir irresponsable, la magistrature se heurtera fatalement à l'autre pouvoir irresponsable : la presse, tant il est vrai que deux forces sans responsabilité ont une vocation naturelle à s'entre-tuer. Le politique profitant de ce clash verra triompher en son sein toutes les forces conservatrices jacobines qui trouveront là une occasion de se justifier. Mais comme la vérité de l'époque restera quand même la plus forte, le règne du droit n'étant pas près de disparaître, c'est un État français divisé, miné, qui se présentera tôt ou tard au jugement de ses concurrents en Europe et dans le monde.

Certains esprits pensent que cette solution catastrophique ne fait l'objet d'aucune alternative. Les transformations ne pourraient s'accomplir qu'au terme de grands sinistres qui les rendraient presque naturelles. C'est jouer avec le feu car la justice est si liée au sort de l'État que la défiance qui la flétrit atteint le pacte social, et c'est la collectivité tout entière qui en pâtit. Croire que le politique pourrait réchapper à une faillite de la justice est une illusion. Sa crédibilité passe par celle de la justice et les « marches blanches » belges nous menacent si nos gouvernants ne prennent pas le problème « vent debout », dans sa totalité, en abandonnant les ruses de comices agricoles et le machiavélisme de sous-préfecture.

La responsabilité des politiques aujourd'hui est majeure. Ils n'auraient aucune excuse à ne pas se manifester fortement car le sujet n'est aucunement bridé par les contraintes financières. Il s'agit seulement de politique et de matière grise. 1,55 % du budget de la nation pour l'instant, 23,48 milliards en 1996, 24,8 en 1997. Quel est le secteur dans lequel les masses financières sont si faibles et les effets symboliques si grands ? Il n'en existe aucun qui puisse à ce point transformer l'aumône en trésor. Quel risque pour un gouvernement ? Aucun. Quel danger à introduire un énorme débat au Parlement, concrétisé par des votes d'orientation et, à la clé, l'autorisation donnée au gouvernement d'agir par ordonnances[1] ? Aucun. La réforme ne se fera pas autrement. L'idée d'un consensus préalable est une foutaise destinée à s'épargner toute initiative. Le consensus n'interviendra qu'après, à condition que le gouvernement fasse la démonstration de sa crédibilité et après qu'il aura mesuré, par des négociations et des consultations de toute la « bouillie primitive », les espoirs non dits, les envies rentrées, les vérités refoulées que son action a pour but de faire éclater (si tant est que la politique veuille encore dire quelque chose aujourd'hui). Jamais la carte judiciaire ne sera rénovée par un accord unanime. Jamais les élèves et anciens élèves de l'École nationale de la magistrature ne donneront leur accord préalable à la transformation de leur école et à l'accueil de 50 % au moins de postulants magistrats non issus d'un cursus scolaire mais recrutés dans la société civile, comme en Hollande. Jamais la magistrature n'acceptera spontanément la spécificité organisée de la fonction de juge et de celle de parquetier. Jamais l'actuel Conseil supérieur de la magistrature, non plus que le principal syndicat qui le domine,

1. L'article 38 de la Constitution autorise le gouvernement, après un débat d'orientation au Parlement, à prendre des ordonnances ayant valeur de loi. C'est ainsi qu'ont été pris en 1958 les textes réformant l'organisation et la carte judiciaire, la procédure pénale, le statut des magistrats et créant l'École nationale de la magistrature.

ne bénira une transformation profonde de sa composition qui y donnerait le pouvoir de décision à des politiques dans le pluralisme, comme partout ailleurs dans les démocraties. Quant aux deux autres syndicats, leur perspective se limite à s'introduire dans le sanctuaire alors qu'ils en sont écartés aujourd'hui. Jamais les juges d'instruction n'accepteront de se saborder de bon cœur. Jamais non plus les tribunaux de commerce n'applaudiront spontanément l'introduction de magistrats professionnels de l'ordre judiciaire en leur sein et, sans doute, ce n'est pas facilement que les échevins commerçants pourront intégrer les cours d'appel statuant dans les matières commerciales. Jamais les avoués à la cour ne se feront hara-kiri tout seuls. Et il n'est probablement guère prévisible que les avocats organisent eux-mêmes un système développé d'assurance juridique. En revanche, le pari peut être tenu de voir toute ces populations pleines de vitalité supporter ce coup de force qui leur donnerait la perspective globale d'un changement de l'institution judiciaire valorisant durablement leurs fonctions.

Quelle est l'histoire de la justice ? Celle de transformations imposées par l'autorité du politique. Les rois ont conquis par la force et la ruse leur justice. La Révolution de 1790 accouche de la révolution judiciaire de 1808 sous le forceps napoléonien. La forte transformation de 1958 se réalise essentiellement par voie d'ordonnances. La révolution de l'an 2000 ne s'effectuera que dans la totalité et par le volontarisme. Mais le politique aujourd'hui est-il encore en mesure de percevoir la nécessité de l'une, et capable de l'autre ?

Chambellay, le 28 septembre 1997

Bibliographie

ARTICLES

Gilles Accomando, « Procureur de la République et procureur de la nation », *Libération*, 21 novembre 1994.

Georges Beljean, « La condition des magistrats du ministère public », *Revue politique et parlementaire*, septembre-octobre 1988, p. 26-36.

Laurent Cohen-Tanugi, « Le procureur, le juge et le journaliste », *Le Monde*, 22 juillet 1997.

Blandine Kriegel, « Faut-il avoir peur des juges ? », *Le Monde*, 11 juillet 1997 ; « La lourde erreur d'Élisabeth Guigou », *Le Monde*, 27 septembre 1997.

Jean-Pierre Machelon, « L'épuration républicaine, la loi du 30 août 1883 », in *L'Épuration de la magistrature, de la Révolution à la libération, 150 ans d'histoire judiciaire*, Paris, Loysel, 1994.

Pierre Mazeaud, « L'action publique dans la tradition républicaine », *Justice*, n° 3, 1996, p. 65-68.

Jacques Poumarède, « Les tribulations d'un principe républicain : l'élection des juges », in *Justice et République*, colloque de Lille, septembre 1992, Paris, Ester, coll. « Espace juridique », 1993.

OUVRAGES

Laurent Cohen-Tanugi, *Le Droit sans l'État*, Paris, PUF, 1985 ; *La Métamorphose de la démocratie*, Paris, Odile Jacob, 1989, et Gallimard, 1993.

Mireille Delmas-Marty, *Procédure pénale en Europe*, Paris, PUF, coll. « Thémis », 1995.

Antoine Garapon, *Le Gardien des promesses*, Paris, Odile Jacob, 1996 ; *Bien juger*, Paris, Odile Jacob, 1997.

Laurent Greisalmer et Daniel Schneiderman, *Les juges parlent*, Paris, Fayard, 1992.

Carlo Guernieri et Patrizia Pederzoli, *La Puissance de juger*, Paris, Michalon, 1996.

Serge Guinchard et Jean Vincent, *Procédure civile*, Paris, Dalloz, 1996.

Lucien Karpic, *Les Avocats entre l'État, le public et le marché, XIIe-XXe siècle*, Paris, Gallimard, 1995.

Blandine Kriegel, *Les Chemins de l'État*, Paris, Calmann-Lévy, 1986 ; *La République incertaine*, Paris, Quai Voltaire, 1992 ; *Les Académies de l'histoire*, Paris, PUF, 1996.

Henri Leclerc, *Combat pour la justice*, Paris, La Découverte, 1994.

Henri Nallet, *Tempête sur la justice*, Paris, Plon, 1992.

Alain Peyrefitte, *Les Chevaux du lac Ladoga*, Paris, Plon, 1981.

Jean-Pierre Royer, *Histoire de la justice en France*, Paris, PUF, 2e éd., 1996.

Jean-Pierre Royer, Renée Martinage et Pierre Lecocq, *Juges et Notables au XIXe siècle*, Paris, PUF, 1982.

Michel Serres, *Le Livre des fondations*, Paris, Grasset, 1983.

Michel Troper, *La Séparation des pouvoirs*, Paris, LGDS, 1980.

Maître Z., *Le Dossier de la magistrature*, Paris, Marpon et Flammarion, 1879.

DOCUMENTS DE RECHERCHE ET RAPPORTS

Frédéric Ocqueteau et Claudine Perez-Diaz, « L'évolution des attitudes des Français sur la justice pénale », *Études et Données pénales*, n° 54, Paris, CESDIP, 1988, et *Déviance et Contrôle social*, n° 50, CESDIP, 1989.

Justice pénale et Droits de l'homme, rapport Delmas-Marty, Paris, La Documentation française, 1991.

Rapport de la commission de réflexion sur la justice, ministère de la Justice, 1997.

Rapport sur la réforme des procédures civiles, ministère de la Justice, 1997.

« Le Parquet dans la République, vers un nouveau ministère public », colloque organisé par la Fondation nationale des sciences politiques, le journal *Le Monde* et l'École nationale de la magistrature, les 29 et 30 mai 1995, publié par l'Association d'études et de recherches de l'ENM, 1996.

Discours

Jacques Chirac, interview télévisée à TF1, 12 décembre 1996; discours d'installation de la commission de réflexion sur la justice, janvier 1997.

Philippe Séguin, discours prononcé à l'occasion des Journées de la justice, Versailles, mai 1997.

Remerciements

L'auteur remercie les gardes des Sceaux qui, depuis vingt ans, l'ont aidé à nourrir sa réflexion, et notamment Jean Foyer, Alain Peyrefitte, Robert Badinter, Albin Chalandon, Henri Nallet, Jacques Toubon, Élisabeth Guigou.

Et tous ceux qui dans le même temps, en France et à l'étranger, lui ont communiqué des informations, le résultat de leurs recherches, et l'ont aidé à réfléchir : Pierre Bellet, Jean-Louis Bianco, Robert Bouchery, Guy Braibant, Jean-Denis Bredin, Daniel Cahen, Hugues Calvet, Guy Canivet, Anne Chemin, Jean-Marie Coulon, François Cuinat, Hubert Dalle, Marco Darmon, Laurent Davenas, Jacques Derogy, Pierre Drai, Olivier Duhamel, Raymond Exertier, Jean-René Farthouat, Antoine Garapon, Bruno Giuliani, Marie-Pierre de La Gontrie, Bernard du Granrut, Jean Guisnel, Jean-Michel Guth (†), Louis-Marie Horeau, Philippe Ingall-Montagnier, Michel Jéol, Louis Joinet, Claude Jorda, Georges Kiejman, Alain Lacabaratz, Philippe Lafarge, Henri Leclerc, Marceau Long, Daniel Ludet, Jean-Claude Marin, Pierre Martaguet, Jean Nestor, Gilles Perrault, Maurice Peyrot, Jean-Marie Pontaut, Louis Raingeard de La Bletière, Jean Repiquet, Simone Rozès, Denis Salas, Michel Sapin, Jean-Luc Sauron, Nicolas Sokolow, Mario Stasi, Christian Thevenot, Pierre Truche, Maurice Ulrich, Jean Veil, Simone Veil, René Vial, Charles Villeneuve, Raymond Viricelle. Parmi les avocats étrangers : Christoph Wittekindt (Munich), Ian Gosling du cabinet Herbert Smith (Londres), Mark Lebow, et Kevin Goering du cabinet Coudert Brothers (New York). Et la société des juristes français.

Il remercie aussi les professeurs d'université dont le travail constitue cette mine de savoir dans laquelle il a puisé : Mireille Delmas-Marty, Serge Guinchard, Jean-François Lemarignier, Jean-Pierre Royer, Blandine Kriegel, Georges Vedel, Michel Troper, Géraud Geouffre de la Pradelle. Et enfin Mathilde-Mahaut Nobécourt.

Table

RÉALISATION : PAO ÉDITIONS DU SEUIL
IMPRESSION : **BUSSIÈRE CAMEDAN IMPRIMERIES** À SAINT-AMAND (CHER)
DÉPÔT LÉGAL : NOVEMBRE 1997. N° 32215 (1/2859)